AF559611

थके पाँव

भगवतीचरण वर्मा

लोकभारती प्रकाशन

लोकभारती प्रकाशन
पहली मंजिल, दरबारी बिल्डिंग, महात्मा गांधी मार्ग
प्रयागराज-211 001
वेबसाइट : www.lokbharatiprakashan.com
ईमेल : info@lokbharatiprakashan.com

शाखाएँ : 1-बी, नेताजी सुभाष मार्ग, दरियागंज
नई दिल्ली-110 002
अशोक राजपथ, साइंस कॉलेज के सामने
पटना-800 006
1, अनमोल सोराबजी संतुक लेन, धोबी तलाव,
मरीन लाइंस, मुम्बई-400 002

पहला संस्करण : 1962
वर्तमान संस्करण : 2011
This book is printed on **Print on Demand**
Technology : 2026

THAKE PAON
Novel by Bhagwati Charan Verma

ISBN : 978-81-8031-567-1

मूल्य : ₹495

थके पाँव

1

लड़खड़ाते हुए पैर।...वह चल रहा है क्योंकि उसे चलना पड़ रहा है; लेकिन जैसे पैर चलना ही नहीं चाहते। जीवन में गति होती है, उस गति की प्रेरणा, भावना की तीव्रता से मिला करती है, लेकिन जैसे उसके अन्दरवाली समस्त भावना कुंठित हो गई है और एक अजीब तरह की गतिहीनता भर गई है उसके अन्दर, जो उसके पैरों को आगे बढ़ने से रोकती है। लेकिन उसे आगे बढ़ना ही है...दफ्तर से वह चला है, उसे अपने घर पहुँचना है और उसका घर अब नज़दीक आ गया है, सड़क से वह उस गली में मुड़ गया है, जिस गली में उसका घर है। यही सौ-दो सौ कदम पर उसका घर है। लेकिन जैसे उसके कदम जवाब देने लगे हों। वह अस्वस्थ नहीं है, उसके पैरों में किसी तरह का रोग नहीं है। फिर भी अजीब तरह की संज्ञाहीनता उसके समस्त अस्तित्व में व्याप्त हो गई है। वह चल रहा है क्योंकि उसे चलना पड़ रहा है, और उसके पैर लड़खड़ा रहे हैं क्योंकि वह थक गया है, बुरी तरह से थक गया है।

उसके पैरों में जो जूते हैं, वे जगह-जगह से फटने लगे हैं। कई दिनों से वह नए जूते खरीदने की सोच रहा है, लेकिन अभी तक वह जूते खरीद नहीं पाया। ऐसी बात नहीं कि जूते खरीदने के लिए उसके पास पैसे न रहे हों, क्योंकि पैसों का अभाव होते हुए भी उसे बेतहाशा खर्च करना पड़ रहा है और किसी तरह उसे पैसे जुटाने पड़ते हैं। उसने नए जूते नहीं खरीदे, क्योंकि इन दिनों उस पर एक भयानक विवशता से भरा आलस्य छाया रहा

है। जूते अभी तक काम दे रहे हैं और शायद अभी कई दिनों तक काम देते रहेंगे। कुँवार मास की जलती दोपहर में वह मोज़े भी पहने हुए है। यद्यपि उन मोज़ों में अनगिनत छेद हैं। जूतों पर मोज़े पहनना यह उसकी बहुत पुरानी आदत है, घर से बाहर जाते हुए वह ठीक उसी तरह मोज़े पहन लेता है, जिस तरह वह अपने अन्य कपड़े पहनता है।

मोज़ों के ऊपर वह पतलून पहने है। पतलून की क्रीज़ मिट चुकी है और वह मैला भी होने लगा है। नीचे, जहाँ से पतलून मुड़ता है, वहाँ वह हर दूसरे दिन फटता है और फिर से सिया जाता है। यही क्रम पिछले दो महीनों से चल रहा है। उसके ऊपर कोट है, बन्द गले का। जिसके नीचे कमीज़ है या नहीं है, इसका पता नहीं चल पाता। कोट दो महीने पहले बना है...वह अभी सही-सलामत है। और उसके सिर पर कोट के कपड़े की ही किश्तीदार टोपी है।

उसके सारे शरीर में एक प्रकार की जड़ता भर गई है, उसकी थकावट अकेले उसके पैरों में ही नहीं है, वह उसके सारे बदन में व्याप्त है, वह थकावट शरीर की नहीं है वह उसके पैरों की थकावट है।

लड़खड़ाते पैरों से वह चल रहा है, जैसे उसकी सारी ताकत छिन रही है। उसकी बड़ी-बड़ी मूँछें झुकी हुई हैं और वे अजीब तरह से बदरंग दिख रही हैं। आधी सफेद और आधी काली; झुर्रियों से भरे चेहरे की असुन्दरता को ढकने में वे असमर्थ हैं। उसके सिर के बाल भी तो आधे सफेद और आधे काले हैं। अभी कुछ साल पहले तक वे पूरी तरह से काले थे, लेकिन एकाएक उसके बाल पकने आरम्भ हुए, और उसे लगा कि वे बड़ी तेज़ी के साथ पक रहे हैं। वह अनुभव करने लगा है कि वह बूढ़ा हो गया है।

वह बूढ़ा हो गया है...कुल पचास साल में, तन और मन से। वैसे वह अस्वस्थ नहीं है, नियमित आहार और नियमित जीवन। फिर भी वह अनुभव कर रहा है कि उसकी जीवन-शक्ति तेज़ी के साथ घट रही है। उसकी आँखों की चमक जाती रही है। इन दिनों वे कुछ बुझी-बुझी-सी दिखती हैं। उसका रंग जो किसी समय गोरा कहा जा सकता था, अब मटमैला-सा पड़ने लगा है। उसकी गणना, उसकी युवावस्था में सुन्दर पुरुषों में होती थी, लेकिन अपनी शारीरिक सुन्दरता अब वह खो चुका है और अपने स्वास्थ्य, अपनी

सुन्दरता के प्रति उसका मोह न जाने कब और क्यों गायब हो गया है।

वह लड़खड़ाते पैरों से अपने घर की ओर बढ़ रहा है जो अब उसे दिखाई दे रहा है। वह दो मील का रास्ता तय किए हुए आ रहा है। कुछ कदम और चलने हैं उसे। जैसे-जैसे उसका घर पास आता जाता है उसके पैरों की शिथिलता और बढ़ती जाती है और उसके कदम भी और धीमे पड़ते जाते हैं। उसे डर लगने लगता है कि कहीं वह रास्ते में ही न गिर पड़े। वह अपनी चाल तेज़ करना चाहता है, लेकिन उसी समय उसे एक दूसरा भय जकड़ लेता है। उस भय का रूप वह स्पष्ट रूप से नहीं देख पाता, उसे वह केवल अनुभव ही कर रहा है। वह भय उसके समस्त अस्तित्व को घेरे हुए है और उसका समस्त अस्तित्व उस घर में केन्द्रित है जहाँ वह जा रहा है। उसका मन नहीं होता घर लौटने को...लेकिन वह विवश है। वह भागना चाहता है, लेकिन उसके सामने कोई ऐसी जगह नहीं जहाँ वह भागकर जा सके। वह घर उसका है...अपने से कहीं कोई भाग सका है।

उसके पैर लड़खड़ा रहे हैं लेकिन वह चलता जा रहा है क्योंकि उसे अपने घर पहुँचना है। गली के बीचोबीच दाहिनी ओर जो एक पुराना-सा दुमंज़िला मकान है, वही उसका घर है। वह उसका निजी घर है। करीब बीस वर्ष पहले उसने उसे खरीदा था। मकान बड़ा नहीं है, पर छोटा भी नहीं है। नीचे गली से लगा हुआ एक बड़ा कमरा है जो बैठक के काम आता है... उस बैठक के सामने एक दालाननुमा बरामदा है। उसके बाद एक बड़ा आँगन है...और आँगन के बाद फिर दालाननुमा बरामदा जिससे मिले हुए सबसे पीछे की ओर दो कमरे जो रसोई और भंडार के काम में आते हैं। आँगन में दाईं ओर बाथरूम आदि हैं। दुमंज़िला भी कुछ इसी तरह बना हुआ है।

घर के अन्दर जानेवाला द्वार भीतर से बन्द है। दोपहर का समय है। सब लोग आराम कर रहे होंगे। बैठक में तीन दरवाज़े हैं गली से मिले हुए... और उनसे मिला हुआ एक चौड़ा-सा चबूतरा है। बीचवाले दरवाज़े में बाहर से ताला बन्द है जिसकी कुंजी उसकी जेब में है। और वह अब अपने घर के सामने पहुँच जाता है। घर का दरवाज़ा भीतर से बन्द है। बैठक की चाबी उसके पास है और वह घर में किसी से मिलना नहीं चाहता...वह किसी से बात नहीं करना चाहता है। वह चुपचाप लेट जाना चाहता है और अपने को

अनन्त निद्रा की गोद में खो देना चाहता है। वह लड़खड़ाते पैरों से चबूतरे के ऊपर चढ़ता है और अपनी बैठक का दरवाजा खोलता है। बैठक के अन्दर पहुँचकर वह उसे अन्दर से बन्द कर लेता है। चारों ओर से बन्द वह बैठक का कमरा, कितना अँधेरा है। एक तरह की घबराहट होने लगती है उसे, लेकिन वह द्वार नहीं खोलता है।

बैठक में एक पुरानी दरी बिछी हुई है जो उसने दस साल पहले नीलामी में खरीदी थी और जो बीच-बीच से फटने लगी थी। बाईं ओर दीवार से मिला हुआ एक तख़्त पड़ा था जिस पर उसकी नाप का एक मोटा-सा गद्दा था और एक मैली-सी चादर उस पर बिछी हुई थी। सामने दो आरामकुर्सियाँ पड़ी थीं।

तख़्त के सामने पड़ी हुई आरामकुर्सी पर वह एक तरह से गिर पड़ा। आँखें बन्द किए हुए कुछ देर तक संज्ञाहीन-सा उसी हालत में पड़ा रहा, और इस बीच उसकी चेतना उसके अन्दर करवटें बदलती रही। धीरे-धीरे उसकी संज्ञाहीनता दूर हुई। उसने अपने सिर को, एक झटका दिया और वह बैठ गया। उसने अपना जूता खोला, उसने अपने मोज़े उतारे जिनकी बदबू उस बैठक में भर गई थी। अपना कोट उतारकर उसने सामनेवाली खूँटी पर टाँग दिया था...और वह तख़्त पर लेट गया। लेकिन लेटने पर उसे ऐसा लगा कि उसकी नींद गायब हो गई...एक उलझन, एक बेचैनी ने उसके अन्दरवाली निष्क्रियता का स्थान ले लिया है।

वह विवश है, बुरी तरह से विवश है। उसके जीवन की धारा बदल गई है। एक बहुत बड़ा मोड़ आया है उसके जीवन में। लेकिन इस सबका अन्त क्या होगा ? और फिर प्रश्न यह भी उठता है कि हरेक चीज़ का अन्त सिवा विनाश के होता क्या है ? फल क्या होगा ? कोई नहीं जानता; फिर भी फल की कल्पना हरेक आदमी करता है, फल के आधार पर वह अपना जीवन ढालता है। अपने कर्मों को रूप देता है।

कल जो बीत चुका...उसने आज को रूप दिया और वह कल जो आनेवाला है हम उसकी कल्पना करके ही आज का रूप देते हैं।

उसे आनेवाले कल का रूप देना है। उस कल का रूप जो अब तक वह देता रहा, वह आज अचानक पूरी तौर से मिट गया है। उसे मिटाकर ही वह

घर लौटा है। लेकिन उसे अपने 'आज' के रूप को बदलना होगा जिससे आनेवाले कल का दूसरा रूप वह ढाल सके। और यह 'आज' का रूप ? वह बीते हुए कल की ही तो उपज है। उस बीते हुए कल की न जाने कितनी धाराएँ हैं, उन धाराओं में एक हम चुन लिया करते हैं। आज के जीवन में बाकी सब धाराएँ समय के मरुस्थल में लोप हो जाती हैं।

बीते हुए 'कल' के रूप को फिर से देखना पड़ेगा, उसी से 'आज' का नया रूप निकालना पड़ेगा...वह सोच रहा है। इसे सोचने-विचारने में जैसे उसका दिमाग फटा जा रहा है, लेकिन वह सोचना-विचारना...इसे वह स्थगित नहीं कर सकता। रोग उपचार से ही दूर होता है धीरे-धीरे, उपचार कष्टप्रद भी होता है। कड़वी दवा का घूँट पिए बिना स्वास्थ्य-लाभ नहीं किया जा सकता। यह साधारण रोग नहीं है...यहाँ तो शिल्प-चिकित्सालय का सवाल है। दिमाग फटने-सा लगेगा, आँखें निकल-सी आएँगी; लेकिन यही इलाज है। किया क्या जाए ?

वह अपने को संयत कर रहा है...आज जो कुछ हुआ है उसे वह भूल जाना चाहता है। कल जो कुछ हुआ वह अपने को उस पर ही केन्द्रित कर रहा है। वह थक गया है...बुरी तरह थक गया है। लेकिन उसे चलते रहना है। जिस रास्ते को उसने अपनाया था वह सहसा रुक गया...फिर पीछे मुड़कर उसे दूसरा मार्ग ढूँढ़ना है। चलना तो उसे होगा ही, मन कितना भी भारी हो, पैरों में कितनी भी थकावट हो।

2

केशवचन्द्र...यही उस व्यक्ति का नाम है जो तख़्त पर लेटा हुआ अपने विगत जीवन पर सोच रहा है।

और उसके सामने वह दिन आया जिस दिन उसका बी.ए. का परीक्षाफल आया था। उस समय वह बाईस वर्ष का एक नवयुवक था, मन में न जाने कितनी उमंगें थीं, भविष्य के न जाने कितने रंगीन सपने थे उसकी आँखों में। खुला हुआ गेहुआँ रंग का गोरा कहा जा सकता था, आँख बड़ी-बड़ी, मुख की गठन सुन्दर तो नहीं पर दोष-रहित थी। उसके पिता का नाम रामचन्द्र था और वह कानपुर की एंड्रूज कम्पनी में छोटे बाबू थे। छोटे बाबू से मतलब साधारण क्लर्क से था जो शाम तक लाखों-करोड़ों रुपयों के कारोबार में हिस्सा बँटाता था, यानी उनके काग़ज़ रखता था, उनका हिसाब रखता था, उस सम्बन्ध में चिट्ठी-पत्री लिखता था, लेकिन जिसे महीने के अन्त में पचास रुपये मिलते थे। उन दिनों पचास रुपयों में गृहस्थी बड़े मज़े में चलती थी, लड़कों की पढ़ाई-लिखाई होती थी, दावत-तवाज़े भी हो जाया करते थे।

रामचन्द्र का परिवार बहुत बड़ा नहीं था, लेकिन बहुत छोटा भी नहीं कहा जा सकता। रामचन्द्र की माता का उसके बचपन में ही देहान्त हो गया था, उसके पिता गाँव में रहकर खेती करते थे। नगर में रामचन्द्र था, उसकी पत्नी थी और उसके चार बच्चे थे। केशव उनमें सबसे बड़ा था। केशव से छोटा रमेश। रमेश के बाद वाली लड़की थी सुधा और फिर सुरेश। इसके

बाद रामचन्द्र की पत्नी बीमार पड़ गईं और बीमारी से उठने के बाद उनकी कोई और सन्तान नहीं हुई। रमेश इंटरमीडिएट में पढ़ता था, सुधा हाई स्कूल की परीक्षा अगले साल देनेवाली थी और सुरेश पाँचवीं कक्षा में था। इन लोगों के साथ केशव की पत्नी भी थी...माधुरी।

अपने पिता की याद केशवचन्द्र को है, मझोले कद के मोटे-से आदमी। शान्त और संयत, आचार-विचार के प्रति आस्था। रामचन्द्र में महत्त्वाकांक्षाएँ नहीं थीं, सुबह दफ्तर जाना, शाम को दफ्तर से लौटकर बाल-बच्चों में अपना जी बहलाना। यह उनके जीवन का कार्यक्रम था। लेकिन रामचन्द्र का हाथ खुला हुआ था, उनके अन्दर मानवीय दया, सहानुभूति और संवेदना के अवयव थे। रामचन्द्र अच्छी तरह रहने में विश्वास करते थे, अच्छा खाना खाने में विश्वास करते थे, अपनी सन्तान को सुखी और समृद्ध देखना चाहते थे। पचास रुपये महीने में वह यह सब कर लेते थे, इसका श्रेय उनकी पत्नी को था।

केशवचन्द्र की दृष्टि के सामने वह मकान आ जाता है जिसमें वह उस समय अपने पिता के साथ रहता था। पाँच कमरे थे उसमें, आँगन था, नल था। इतना बड़ा मकान उसके पिता को पाँच रुपये महीने में मिल गया था। क्योंकि मकान पुराना था और जगह-जगह से टूटने लगा था। हर साल उस मकान की मरम्मत कराई जाती थी। उसे याद है बीस साल पहले वह मकान एक दिन बिना किसी प्रकार की सूचना दिए ढह गया था। उसका भाग्य था कि उसके परिवार का कोई आदमी उसमें दबा नहीं। अगर वह मकान खुद न गिरता तो केशवचन्द्र को यह मकान न खरीदना पड़ता।

अपनी बहकती हुई विचारधारा को उसने मोड़ा और उसने फिर से अपने को उस दिवस पर केन्द्रित किया जब उसका बी.ए. का परीक्षाफल आया था। वह स्टेशन गया था अखबार खरीदने। पहले दिन ही उसे खबर मिल गई थी कि उस दिन उसका परीक्षाफल आएगा। स्टेशन पर दो-चार विद्यार्थी और थे। उन दिनों बी.ए. में विद्यार्थी ही कितने होते थे !

जब वह घर से चला था, उसकी माता ने उसके मस्तक पर दही का तिलक लगाकर सगुन किया था। उसकी माता...असमय ही बूढ़ी-सी दिखनेवाली कृशगात स्त्री; कितनी ममता थी उसमें, कितना त्याग था, कितना

बलिदान था। सुरेश के जन्म के बाद जो वह बीमार पड़ी थी उससे उसका शरीर टूट-सा गया था। लेकिन अपार साहस था उसमें, बड़ी प्रबल जीवन-शक्ति थी। हर समय वह प्रसन्न रहती थी, हर समय वह हँसा करती थी। लेकिन बीमारी के कारण उससे घर का काम अधिक नहीं होता था। और उस बीमारी के बाद उसकी माता ने उसके पिता से तकाज़े करने शुरू कर दिए कि रामचन्द्र उसके लिए जल्दी एक बहू ला दें। लेकिन बारह-तेरह साल के लड़के का विवाह न रामचन्द्र करना चाहते थे और न उनके समाज का कोई प्रतिष्ठित आदमी उनके लड़के से अपनी लड़की का विवाह करना चाहता था। और उसकी माता किसी भी तरह से घिसटकर परिवार का भार सँभालती रही। लेकिन जब केशव ने हाई स्कूल पास कर लिया तब तो उसकी माता ज़िद पकड़ गई। बहुत सोच-विचार के बाद रामचन्द्र ने भी उसका विवाह करना तय कर लिया।

अपने विवाह की बात उसे अब अच्छी तरह याद नहीं है, लाखों विवाह हर साल होते हैं, एक बँधी हुई परिपाटी ! नाते-रिश्तेदार इकट्ठा हुए, वर सजाया गया, बारात चली, द्वाराचार हुआ, भाँवरें पड़ीं और विवाह की पुरानी घिसी-पिटी रस्में पूरी की गईं, और उसके बाद लड़की को विदा कराके वर अपने घर में पहुँच गया। उसे विवाह की याद नहीं है...विवाह हुए करीब तीस-बत्तीस वर्ष हो चुके; पर माधुरी से प्रथम मिलन की याद उसे अवश्य है। वह याद भी अब धुँधली पड़ने लगी है...किशोरावस्था का कौतूहल और युवावस्था का रस...केशवचन्द्र इन सब को न जाने कब का खो चुका है। हाँ, उसे याद है कि उसकी पत्नी दस दिन बाद अपने पिता के यहाँ चली गई थी। और दो साल तक वह अपने पिता के घर रही क्योंकि माधुरी के पिता ने गौना ही नहीं दिया। माधुरी के पिता गौना तब देना चाहते थे जब केशवचन्द्र बी.ए. पास कर ले। पर दो साल बाद माधुरी के पिता का देहान्त हो गया और माधुरी के भाई ने गौना देने में कोई आपत्ति नहीं की।

माधुरी...वह अब भी है, घर के अन्दर कहीं लेटी होगी। कितनी बदल गई है। हर्ष, उल्लास जैसे उसके जीवन से दूर हो गया है। लेकिन एक समय वह युवा थी, उसमें आकर्षण था, उसमें रस था। और इन सबके साथ उसके अन्दर भोलेपन से भरा हुआ एक विश्वास था। विश्वास आज भी माधुरी में

है, लेकिन भोलापन गायब हो गया है। उसे देवता पर विश्वास है, उसे अपने पति पर विश्वास है, उसे अपनी सन्तान पर विश्वास है। इसी विश्वास के सहारे वह जिन्दा है। लेकिन जीवन के अनगिनत संघर्षों ने उसके भोलेपन को उससे छीन लिया है। वह किस हद तक चिड़चिड़ी हो गई है।

और वह स्वयं भी तो कुछ चिड़चिड़ा हो गया है, वह सोचने लगता है। संघर्षों और असफलताओं का प्रभाव उस पर भी पड़ा है। उसमें और माधुरी में अन्तर इतना है कि जहाँ माधुरी के अन्दरवाला विश्वास स्थित है, वहाँ उसके अन्दरवाला विश्वास मिटता-सा मालूम होता है। केशवचन्द्र को देवी-देवताओं पर विश्वास भी नहीं रहा, उसने पूजा-पाठ कभी नहीं किया। और माधुरी...वह आज भी नियमपूर्वक पूजा करती है, समझती है कि देवी-देवता उसे सहारा दे सकते हैं, उसकी सहायता कर सकते हैं।

यह माधुरी की आधारमूल मान्यता है...वह सोचने लगता है। माधुरी ने महावीरजी की मानता मानी थी कि अगर उसका पति बी. ए. में पास हो जाए तो वह सवा रुपये का प्रसाद चढ़ाएगी। सुबह जब वह अपना परीक्षाफल देखने स्टेशन जानेवाला था, माधुरी ने उसके सामने नाश्ता रखते हुए कहा था, ''देखो, दोस्तों से फुर्सत पाकर जल्दी चले आना। महावीरजी का प्रसाद चढ़ाना है।''

''और अगर मैं फेल हो गया तो ?'' गम्भीरतापूर्वक उसने पूछा था। वह पास हो जाएगा, वह यह समझता था; लेकिन यह भी सम्भावना थी कि वह फेल हो जाए। उसके दो परचे अच्छे नहीं हुए थे, यद्यपि वे खराब भी नहीं कहे जा सकते थे। वह कुशाग्रबुद्धि कभी नहीं रहा, लेकिन वह मेहनती हमेशा से रहा है।

माधुरी ने उसके होठों पर हाथ रखते हुए उत्तर दिया था, ''ऐसा मत कहो। महावीरजी की कृपा से तुम अवश्य पास होगे, मैं जानती हूँ। अच्छा अब जा रही हूँ, अम्माजी कमरे में आती होंगी।''

अखबार लेकर गाड़ी साढ़े नौ बजे आई। उस दिन वह आध घंटे लेट थी। उसने वह अखबार देखा...थर्ड डिवीजन में पास होनेवाले विद्यार्थियों में उसका नाम था। अखबार उसने खरीद लिया। प्रसन्न-मन वह घर वापस लौटा। रास्ते में बधाइयाँ लेते हुए तथा अपने मिलनेवालों को यह बतलाते

हुए कि वह बी.ए. पास हो गया है, उसे घर लौटने में कुछ देर हो गई। रामचन्द्र चिन्तित बैठे थे। उनके ऑफिस जाने का समय बीत गया था, लेकिन बिना परीक्षाफल जाने हुए दफ्तर जाना नहीं चाहते थे। केशव को देखते ही वह नाराज़ होकर बोले थे, ''इतनी देर कहाँ लगा दी तुमने...यह तो सोचा होता कि मुझे दफ्तर जाना है।''

केशव ने अपने पिता की बात का कोई उत्तर नहीं दिया, उसने बढ़कर उनके पैर छुए। पुत्र ने उनके पैर छुए...रामचन्द्र को समझते देर नहीं लगी कि केशव पास हो गया है। उन्होंने एक बार सरसरी नजर से अखबार देखा, फिर बोले, ''कोई बात नहीं, थर्ड डिवीजन में ही सही, पास तो हो गए।'' और उठते हुए उन्होंने आवाज लगाई, ''अरी सुनती हो...जरा यहाँ आना, केशव बी. ए. पास हो गया।''

केशव की माता दौड़ती हुई पति के पास आई, उनके पीछे-पीछे दबे-पाँव चलती हुई माधुरी भी थी जो अपने ससुर के कमरे के बाहर ही चौखट से लगा कर खड़ी हो गई थी। केशव ने अपनी माता के चरण छुए और माता ने उसे अपने हृदय से लगा लिया। रामचन्द्र ने कहा, ''देखो, सात-आठ लोगों की दावत होगी आज केशव के पास होने की खुशी में। तुम सास-बहू मिलकर खाना बना लेना।'' और उन्होंने केशव से कहा, ''सात बजे शाम के पहले तुम घर आ जाना...देर न हो।'' यह कहकर रामचन्द्र ने चलने को कदम उठाया।

केशव की माता ने हलका-सा प्रतिवाद किया, ''दावत और किसी भी दिन की जा सकती है, इतनी जल्दी क्या है ?''

रामचन्द्र ने कड़े स्वर में उत्तर दिया, ''लेकिन दावत देने में देर क्यों की जाए ? ज़्यादा आदमियों का इन्तज़ाम करना ही नहीं है, दफ्तर के दोस्त लोग हैं। वे मुझसे दफ्तर पहुँचते ही दावत माँगेंगे। अच्छा, अब चलूँ; वैसे भी बहुत देर हो गई है। हाँ, केशव के कुछ दोस्त आना चाहें तो इससे पूछ लेना।'' और रामचन्द्र कमरे के बाहर चले गए।

माधुरी सीधे अपने कमरे में पहुँची। उसके कमरे में दीवार पर हनुमानजी की तस्वीर लगी हुई थी जिसकी नित्य ही माधुरी पूजा करती थी। कमरे में पहुँचकर वह महावीरजी की तस्वीर के सामने हाथ जोड़कर खड़ी हो गई और

हनुमान चालीसा का पाठ करने लगी। केशव जब कमरे में आया, माधुरी हनुमानजी की तस्वीर के सामने खड़ी थी। केशव के पैरों की आहट पाकर उसने अपना पाठ समाप्त किया और बढ़कर उसने अपने पति के चरण छूए।

उसी समय सुधा ने कमरे में प्रवेश किया। सुधा की अवस्था प्रायः पन्द्रह साल की थी और वह उतनी ही सुन्दर थी जितना केशव था। सुधा ने आते ही कहा, ''दादा, मिठाई खिलाओ, पास हो गए हो। देखो, टालना मत।''

''जा-जा...बड़ी आई मिठाई खानेवाली, तू मुझको मिठाई खिला कि मैं पास हो गया हूँ।'' केशव ने हँसते हुए कहा।

माधुरी ने बक्स से एक रुपया निकाला, ''तुम्हारे रमेश दादा कहाँ हैं, यह रुपया लो, उनसे मिठाई मँगवा लो। तुम, रमेश और सुरेश...लेकिन हम लोगों के लिए भी कुछ मिठाई बचा लेना।''

सुधा ने रुपया अपनी भाभी के हाथ से ले लिया फिर वह अपने भाई की ओर मुड़ी, ''लो यह रुपया दादा, मिठाई खा लेना। हम लोग तो आज रात की दावत खाएँगे। अम्मा ने खीर बनाने का ज़िम्मा मेरे ऊपर सौंपा है। चलो भौजी, चार-पाँच तरकारियाँ बनानी हैं। रायता, खीर ! अभी से काम में जुट जाना है। दादा खाना खा लो, रसोई में चौका-वौका लग जाए।''

''अरे हाँ सुधा बीबी !'' माधुरी ने कहा, ''हनुमानजी का प्रसाद माना है तो बेसन के लड्डू भी बनाने हैं।'' फिर उसने केशव से कहा, ''चलिए, जल्दी से खाना खा लीजिए। सुरेश और रमेश तो दस बजे ही खाकर निबट गए हैं। आप खाना खा लें, तो हम लोग भी खाना खाकर रसोई उठाएँ और शाम की तैयारी करें।''

उस दिन बाबू रामचन्द्र अपने दफ्तर से तीन बजे ही लौट आए। वह काफी घबराए हुए थे। घर में पहुँचते ही उन्होंने पुकारा, ''केशव...केशव ! अरे कहाँ गया केशव ?''

केशव की माता और माधुरी रसोई में तरकारी बना रही थी। केशव की माँ ने माधुरी से कहा, ''तुम सँभालो बहू, सुनु यह क्या कह रहे हैं...दफ्तर से इतनी जल्दी चले आए, क्या बात है ?'' और यह कहकर वह पति के पास पहुँची, ''क्या बात है, इतने बदहवास क्यों हो ? केशव अपने दोस्तों के यहाँ गया है, छह बजे तक आने की कह गया है तो आ जाएगा।''

मुस्कराने का प्रयत्न करते हुए रामचन्द्र ने कहा, "बदहवास कहाँ हूँ, लेकिन भला देखिए...अगर बदहवास हो जाऊँ तो इसमें ताज्जुब ही क्या ? चलो कमरे में, बतलाता हूँ। अजीब उलझन में हूँ।"

कमरे में पहुँचकर रामचन्द्र ने एक गिलास ठंडा पानी पिया। इस समय तक उनके चेहरे की घबराहट दूर हो गई थी और उसके स्थान पर प्रसन्नता की एक झलक भी आ गई थी। पलँग पर बैठकर उन्होंने अपनी जेब से एक चिट्ठी निकाली, "यह बाबू बाँकेलाल की चिट्ठी आई है, आज दफ्तर में मुझे मिली।"

केशव की माँ बातों को बड़ी जल्दी भूल जाती थीं। उन्होंने पूछा, "लेकिन यह बाँकेलाल हैं कौन ?"

"तुम्हें तो कुछ याद रहता ही नहीं। उन्हीं के लड़के के साथ तो सुधा के विवाह की बात चल रही है। अरे वही लड़का जो चुंगी में इंस्पेक्टर है। लेकिन यह बाँकेलाल भी बड़ा खबीस आदमी है। भला देखो कि आज दोपहर को चिट्ठी मिलती है कि शाम की गाड़ी से आ रहे हैं। एक तार ही दे दिया होता।"

केशव की माता के मुख पर मुस्कराहट आई, "हाँ, याद आ गया। तो उसमें नाराज़ होने की क्या बात है ? तुम्हारी तरह हरेक आदमी तो पैसा नहीं लुटाया करता। मैं कहती हूँ कि अगर चिट्ठी से काम चल जाए तो तार की क्या जरूरत ? अभी तीन-चार घंटे बाकी हैं, स्टेशन चले जाना। लेकिन हाय राम, उन्हें ठहराओगे कहाँ ?"

रामचन्द्र के अन्दरवाला तनाव अब कम हो गया था, "उन्हें घर में ही ठहराना होगा। बैठक में ठहर जाएँगे। लेकिन आज लोगों को दावत दे डाली...मालूम होता है कि वह आ रहे हैं तो दावत न देता। खैर कोई बात नहीं, दावत के बाद तो कमरा खाली हो ही जाएगा। चलिए, उनके आने की खुशी में यह दावत रहेगी, वह भी क्या कहेंगे।"

केशव जिस समय घर लौटा, रामचन्द्र स्टेशन जाने के लिए तैयार बैठे थे। केशव की माता माधुरी को साथ लेकर महावीरजी पर प्रसाद चढ़ाने चली गई थीं। सुधा रसोई में बैठी खीर बना रही थी। रमेश चुपके-से खेलने के लिए खिसक गया था और सुरेश रसोई में सुधा के साथ झगड़ रहा था।

केशव को देखते ही रामचन्द्र उबल पड़े, ''तो तशरीफ ले आए जनाब ! मैं स्टेशन जा रहा हूँ, आप अब घर पर रहिए। सात बजे की गाड़ी से बाबू बाँकेलाल आ रहे हैं, उन्हें साथ लेकर मैं साढ़े सात या आठ बजे तक वापस लौटूँगा। इस बीच में मेहमान आने लगेंगे तो उन्हें बिठाना।'' और बाबू रामचन्द्र हलके मन से स्टेशन के लिए रवाना हो गए।

वह दावत बड़ी शानदार रही थी...लोगों ने भोजन की मुक्त-कंठ से प्रशंसा की। मेहमानों को विदा करके रामचन्द्र ने बाँकेलाल के ठहरने का प्रबन्ध बैठक में कर दिया। इसके बाद बाबू बाँकेलाल से रामचन्द्र की बातें आरम्भ हुईं। उस बातचीत में रामचन्द्र ने केशव को अपने पास बिठा लिया था।

बाबू बाँकेलाल फतहपुर में अहलमद थे। तनख्वाह तो उन्हें तीस रुपया महीना मिलती थी, लेकिन उन्हें ऊपर की आमदनी प्रायः सौ रुपया महीना हो जाती थी। फतहपुर में उन्होंने एक आलीशान पक्का मकान बनवा लिया था। कुछ जमीन भी उन्होंने खरीद ली थी। उनका बड़ा लड़का गोपीनाथ उसी साल चुंगी का इंस्पेक्टर बना था। गोपीनाथ ने इंटरमीडिएट पास करके पढ़ना छोड़ दिया था क्योंकि वह इंटरमीडिएट बड़ी मुश्किल से तीन साल लगातार फेल होने के बाद पास कर पाया था। बाँकेलाल के प्रभाव से उसे चुंगी में चालीस रुपये महीने की नौकरी मिल गई थी।

बाँकेलाल जाड़े में अपने पुत्र का विवाह करना चाहते थे। रामचन्द्र ने उनकी बात स्वीकार कर ली। लेकिन मामला दहेज का बड़ा टेढ़ा था। बाबू बाँकेलाल पाँच हज़ार का दहेज माँगते थे, रामचन्द्र तीन हज़ार का दहेज देना चाहते थे क्योंकि उनके लड़के केशव को तीन हज़ार का दहेज मिला था।

बाबू बाँकेलाल ने कहा, ''अपने लड़के की बात छोड़िए, इसकी शादी जब हुई थी तब यह पढ़ता था, जबकि गोपी की नौकरी लग गई है। आप यह तो जानते ही हैं कि इन दिनों बेकारी बढ़ती जा रही है, कमाने-वमानेवाला लड़का आपको मिल रहा है। वैसे शादियाँ एक-से-एक बढ़कर आ रही हैं, लेकिन आपका खानदान अच्छा है...लड़की की तारीफ मैंने बहुत सुनी है। लड़का भी आपको इतना अच्छा नहीं मिलेगा। कुल मिलाकर अस्सी-नब्बे की आमदनी हो जाती है, जमींदारी खरीदने की सोच रहा हूँ मैं।''

इस बातचीत का प्रभाव केशव पर अच्छा नहीं पड़ रहा था; वह ऊपर की आमदनी रिश्वत थी...जो रिश्वत लेनेवाला है वह बेईमान है। केशव आदर्शवादी नहीं था, लेकिन उसके अन्दर संस्कार अवश्य थे। पर इस सब में उसे बोलना नहीं चाहिए, वह यह भी जानता था।

बाबू रामचन्द्र ने उत्तर दिया, ''वह सब मैं जानता हूँ, लेकिन पाँच हज़ार की रकम बहुत ज़्यादा होती है। चार हज़ार तक करने की कोशिश करूँगा, फिर भी वचन नहीं देता। इतने पर तो आपको मान ही जाना चाहिए।''

बाँकेलाल ने मुस्कराते हुए कहा, ''आपकी ही बात रही। लेकिन तिलक दो हज़ार रुपये का देना होगा। शादी की मदों में अगर रुपये की कमी पड़ी तो कोई हर्ज नहीं।''

और इस प्रकार सुधा का विवाह तय हो गया। दूसरे दिन सुबह बाबू बाँकेलाल चले गए।

यह शादी की बातचीत, यह दहेज का मोल-तोल केशव को अच्छा नहीं लगा था। केशव को बाँकेलाल का जीवन के प्रति दृष्टिकोण भी अच्छा नहीं लगा, पर वह सब करना पड़ता है। बाँकेलाल को विदा करके रामचन्द्र ने केशव को बुलाया। उन्होंने केशव से कहा, ''चलो यह शादी पक्की हो गई। चार हज़ार का दहेज कुछ ज़्यादा तो है, लेकिन मजबूरी है, उसे जुटाना तो पड़ेगा ही। जनवरी में सुधा की शादी कर दी जाए, करीब सात महीने का समय है।''

''हाँ, सात महीने का समय है।'' केशव ने पिता की बात दोहराई।

रामचन्द्र ने कुछ देर चुप रहकर कहा, ''एक हज़ार रुपया मेरे पास है, एक हज़ार रुपया प्रोवीडेंट फंड से मिल जाएगा। तुम्हारी शादी में जो सामान मिला है उसमें से कुछ देकर पाँच सौ की कमी पूरी की जा सकती है। इस तरह कुल ढाई हज़ार होते हैं। दहेज के चार हज़ार और शादी का ऊपरी खर्च पाँच सौ के करीब...तो दो हज़ार की कमी अभी रह जाती है।''

''लेकिन यह चार हज़ार का दहेज देना आपने मंजूर क्यों कर लिया ?'' केशव की ज़बान अब खुली।

विवशता के भाव से रामचन्द्र ने कहा, ''बेटा, और कोई चारा नहीं था। इतना अच्छा लड़का सुधा के लिए भला कहाँ मिलता ? हैसियत के आदमी

हैं ये लोग।''

''जैसी हैसियत है, वह दुनिया जानती है। रिश्वत और बेईमानी के बल पर यह रुपया इकट्ठा हुआ है।''

''तुम नहीं समझोगे केशव, अभी नौजवान हो, ज़िन्दगी की ठोकरें नहीं खाई हैं। खैर छोड़ो इस बात को, अब तो हज़ार रुपयों का सवाल और रह जाता है। तो भी एक हज़ार रुपया मुझे अपने दोस्तों से कर्ज़ मिल जाएगा। फिर भी एक हज़ार रुपये की तो कमी रह जाती है।''

रामचन्द्र के स्वर में जो चिन्ता और वेदना थी, उससे केशव ने बात आगे नहीं बढ़ाई। उसने कहा, ''अभी तो शादी के पाँच-छह महीने हैं। चिन्ता छोड़िए, मैं भी कुछ प्रबन्ध करने की कोशिश करूँगा।''

रामचन्द्र की आँखों में आँसू आ गए, ''शाबाश बेटा, तुमसे मुझे बड़ी उम्मीदें हैं, उन्हीं उम्मीदों के साथ मैंने तुम्हें पढ़ाया-लिखाया है। अगर तुम्हारी नौकरी लग जाए तो एक हज़ार का कर्ज़ और मिल जाएगा, आसानी के साथ। आज से ही नौकरी के लिए दौड़-धूप शुरू कर दो। गिरधारी काटन मिल के एकाउंटेंट बाबू श्यामलाल से मिल लेना, शायद एक सहकारी की ज़रूरत है, ऐसा मैंने सुना है। मेरा ऐसा ख़याल है कि वह तुम्हारी सिफारिश जनरल मैनेजर से कर देंगे...उन्हें तो तुम अच्छी तरह जानते हो।''

''जी हाँ, उन्हें तो आपने ही वहाँ नौकरी दिलाई थी।'' केशव बोला।

''हाँ वही।'' रामचन्द्र ने उठते हुए कहा, ''बेटा, बिना दौड़-धूप के काम नहीं चलता। बाबू हिम्मत बहादुर का राइट कम्पनी के मैनेजर के साथ अच्छा रसूख है, उनसे भी मिल लेना।'' और रामचन्द्र ने सन्तोष की साँस ली, ''भगवान को अनेक-अनेक धन्यवाद कि उन्होंने एक सहारा तो दे दिया है मुझे। अच्छा अब मैं ऑफिस की तैयारी करूँ चलकर।''

और उसी दिन केशवचन्द्र को नौकरी की तलाश में निकलना पड़ा था, उसे याद हो आया। एक दिन पहले ही तो उसका परीक्षाफल आया था। एक दिन निश्चिन्तता का नहीं पा सका था वह।

अजीब व्यंग्यात्मक मुस्कान आई उसके मुख पर। उसकी शिक्षा केवल इसलिए हुई थी कि वह नौकरी करे, बैल की भाँति गृहस्थी की गाड़ी ढोए। एक क्लर्क के घर में उसने जन्म लिया था और उसके भाग्य में भी वही

क्लर्की बदी थी। वह उस दिन निकल पड़ा था नौकरी की तलाश में। पर उसके मन में किसी प्रकार का अवसाद नहीं था, किसी प्रकार की कुंठा नहीं थी। उसे पच्चीस वर्ष पहले की अपनी उस स्थिति पर स्वयं आश्चर्य हो रहा था। कितनी उमंगें थीं उसमें, कितना उत्साह था उसके अन्दर। और आज जैसे सब कुछ बदल गया है।

यह क्यों ? वह सोच रहा था। और फिर उसे लगा कि उस समय वह युवा था। उस समय जीवन के कटु अनुभवों से उसके अन्दरवाला जीवन पर विश्वास शिथिल नहीं पड़ा था, उस समय उत्साह और उमंगों के सपनों में वह विचर रहा था। लेकिन आज वह थक गया है, उसका अपना शरीर शिथिल हो रहा है, उसकी आत्मा मुरझा रही है। थकावट उसे चारों ओर से घेरे हुए, मन थका हुआ, तन थका हुआ।

3

दरख्वास्तें देना, उन दरख्वास्तों के पीछे दौड़-धूप करना, और अन्त में निराश हो जाना... एक नया अनुभव हो रहा था केशव को। इस सब में झुँझलाहट होती थी, कभी-कभी हँसी भी आती थी। लेकिन निराशा का प्रश्न ही नहीं था केशवचन्द्र के सामने। रामचन्द्र को कभी-कभी चिन्ता होने लगी थी, सुधा के विवाह की तिथि निकट आती जा रही थी और वे रुपयों का प्रबन्ध नहीं कर पा रहे थे। उन्होंने प्रोविडेंट फंड में एक हज़ार के कर्ज़ की दरख्वास्त दे दी थी, लेकिन उस दरख्वास्त की मंजूरी लन्दन से आनी थी, जहाँ उस कम्पनी का प्रधान कार्यालय था जिसमें वह काम करते थे।

बरसात बीत गई थी और कुँवार का पहला पक्ष, जिसे हिन्दुओं में पितृ पक्ष कहते हैं, आ गया था। उस दिन बाबू रामचन्द्र के पिता का श्राद्ध था और उन्होंने ऑफिस से छुट्टी ले ली थी। श्राद्ध के बाद ब्राह्मण-भोजन कराके जब बाबू रामचन्द्र उठे, उनकी नज़र उस दिन आई हुई एक चिट्ठी पर पड़ी। घर में उस समय तक किसी ने भोजन न किया था क्योंकि बिना गृहस्वामी यानी बाबू रामचन्द्र के भोजन किए घर में भोजन करने की प्रथा नहीं थी, और बाबू रामचन्द्र श्राद्ध के बाद ब्राह्मण भोजन कराए बिना भोजन नहीं करते थे।

बाबू रामचन्द्र रसोई की तरफ बढ़ते-बढ़ते रुक गए; आदि से अन्त तक उन्होंने चिट्ठी पढ़ डाली और फिर उनके माथे पर लकीरें पड़ गईं। उन्होंने आवाज लगाई, ''केशव ! ज़रा इधर आना।''

केशवचन्द्र घर पर ही था, भोजन करने के बाद उसे एक दफ्तर में इंटरव्यू के लिए जाना था। उसने पिता के पास जाकर पूछा, ''जी, कहिए, क्या बात है ?''

रामचन्द्र ने वह चिट्ठी केशव के हाथ में दे दी, ''ज़रा इसे पढ़ डालो।''

एक क्षण के लिए तो केशव के मन में आशा की एक लहर आई, बहुत सम्भव हो वह कहीं उसकी नियुक्ति का पत्र हो, लेकिन खाली कॉपी का पन्ना देख उसकी आशा जाती रही। उसने पत्र को पढ़ डाला, ''जी, समझा। उन्होंने नवरात्रि की पंचमी में तिलक की साइत ठीक की है, अभी पन्द्रह दिन हैं। तो इसमें इतनी चिन्ता की क्या बात है, मैं तिलक लेकर चला जाऊँगा; रमेश का जाना ठीक न होगा।''

बाबू रामचन्द्र झुँझला उठे, ''तुम अपनी छोटी बहिन का तिलक लेकर जाओगे ? क्या ऊटपटाँग बात करते हो ? जाएगा तो रमेश, लेकिन तिलक जाएगा कहाँ से ? पन्द्रह सौ नकद और पाँच सौ का सामान माँगा है उन्होंने।''

केशव की समझ में अब सारी परिस्थिति आ गई। पन्द्रह दिन के अन्दर दो हज़ार का इन्तज़ाम करके तिलक भेजना है, सौ-दो-सौ रुपया ऊपर से लग जाएगा। बोला, ''जी, समझ में आ गया। लेकिन आपने तो तिलक जनवरी में भेजने को कहा था, इस वक्त क्यों इस पर इसरार कर रहे हैं। आप लिख दीजिए कि जनवरी में तिलक भेजा जाएगा, मामला साफ।''

कुछ उदास भाव से रामचन्द्र ने कहा, ''तिलक तो भेजना ही है, जैसे जनवरी में वैसे अब। वह लड़केवाले हैं, सब कुछ कह सकते हैं। लिखने-विखने की बात नहीं उठती, तिलक तो पंचमी के दिन भेजना ही होगा। लेकिन यह दो हज़ार का इतनी जल्दी इन्तज़ाम किस तरह कर लूँगा ?''

केशव कुछ देर तक सोचता रहा, फिर उसने कहा, ''हज़ार रुपया तो आपके पास बैंक में है ही, इन्तज़ाम एक हज़ार का और करना है।''

बैंक में तो अब साढ़े-नौ-सौ ही रह गए हैं, पचास रुपये तुम्हारे कम्पीटीटिव एक्ज़ामिनेशन में और इंटरव्यू के लिए देने पड़े थे न। कपड़ा बजाज से उधार मिल जाएगा, थाल तुम्हारी शादी का रखा है। प्रोविडेंट फंड का कर्ज़ दिसम्बर तक मिलेगा। नकद छह-सात सौ रुपयों का इन्तज़ाम करना

है। लाला मिट्ठूमल से रुपया मिल सकता था, लेकिन उनसे कपड़ा लूँगा... इसके बाद नकद देने में आनाकानी करेंगे। पाँच-छह सौ रुपयों की कमी पड़ती है।''

केशवचन्द्र के पास उस बात का कोई उत्तर न था। वह चुप खड़ा रहा।

बाबू रामचन्द्र ने रसोई की तरफ बढ़ते हुए कहा, ''अच्छा, अब खाना खा लूँ, उसके बाद दफ्तर जाना है, मुमकिन है वहाँ किसी दोस्त से कुछ इन्तज़ाम हो जाए, जो कि उम्मीद कम ही है। जितने बाबू लोग हैं सभी मुफलिस। आए दिन कर्ज़ माँगा करते हैं।'' और अनायास ही उनके मुँह से निकल पड़ा, ''क्या बतलाऊँ, तुम्हारी भी कोई नौकरी नहीं लगी अभी तक।''

रामचन्द्र के अन्तिम वाक्य ने उस पर तीर का-सा काम किया। जब से उसने बी.ए. पास किया था, वह नौकरी के लिए लगातार दौड़-धूप कर रहा था, लेकिन भाग्य उसके प्रतिकूल था। वादे तो उससे कई हुए, लेकिन ऐन मौके पर वे नौकरियाँ किसी दूसरे को मिल गईं। और उसके सामने न जाने कितने वादे अब भी थे। उसने कहा, ''तीस रुपये की एक नौकरी मिल रही है, कहिए तो उसे ले लूँ। बड़ी तनख्वाहें जहाँ हैं वहाँ बड़ी-से-बड़ी सिफारिशें चल रही हैं।''

''हाँ, यह ठीक है। अच्छा, बाबू श्यामलाल ने दो-तीन महीने का वादा किया था, उसे तो अब चार-पाँच महीने बीत गए। उनसे मिले फिर से ?''

''जी हाँ, लेकिन उस जगह मैनेजर साहब के एक रिश्तेदार रख लिए गए। बाबू श्यामलाल बड़े दुखी थे। उन्होंने कहा कि जल्दी ही दो-तीन नौकरियाँ और निकलेंगी, उनसे मिलता रहा करूँ। कोशिश तो भरसक कर रहा हूँ।''

बाबू रामचन्द्र ने सिर हिलाया, ''हाँ, कहते तो ठीक हो। बड़ा खराब ज़माना आ गया है। हज़ारों लड़के बी.ए., एम.ए. पास करके नौकरी ढूँढ़ रहे हैं, हर जगह सिफारिश और ज़ोर-दबाव की ज़रूरत पड़ती है। अजीब कशमकश है इन दिनों। मैं भी अपने बड़े साहब से बात करूँगा, लखनऊ या इलाहाबाद ऑफिस में कहीं लगा दे तुम्हें।''

बाबू रामचन्द्र भोजन करके अपने दफ्तर की ओर रवाना हो गए। केशव बड़ी देर तक अपने कमरे में बैठा-बैठा सोचता रहा। वह किस विषय पर सोच

रहा था, इसका उसे स्वयं पता न था, सुधा का विवाह, अपनी नौकरी, बेकारी की समस्या, दहेज की कुप्रथा...न जाने कितने विषय उसके दिमाग में आए और चले गए। किसी भी एक विषय पर वह अपने को केन्द्रित नहीं कर सका, जीवन में न जाने कितनी समस्याएँ हैं, कुछ स्पष्ट और कुछ अस्पष्ट; और इनमें किसी भी समस्या को आदमी नहीं सुलझा पाता। वह सोच रहा था क्योंकि सोचना-विचारना मानव का स्वभाव है। वह एक विचार से उखड़ जाता था या बहक जाता था क्योंकि उखड़ना और बहकना भी मानव का स्वभाव है।

माधुरी अभी तक रसोई में ही थी, माताजी तो नाम-मात्र के लिए काम करती थीं, घर का सारा काम तो माधुरी को करना पड़ता था। हाँ, सुधा माधुरी का हाथ बँटा देती थी, लेकिन वह कितना हाथ बँटा पाती। वह पढ़ रही थी, दिनभर तो वह स्कूल में ही रहती थी; सुबह और रात को उसे स्कूल की पढ़ाई की तैयारी करनी पड़ती थी। लेकिन फिर भी सुधा घर का काफी काम कर दिया करती थी। बाकी घर का पूरा संचालन माधुरी के हाथ में था।

घर से बाहर जाते हुए अपने पिता के पैरों की आहट उसे सुनाई पड़ी। दोस्तों से कर्ज़ माँगने वह दफ्तर जा रहे थे, यद्यपि उस दिन उन्होंने दफ्तर से छुट्टी ले ली थी। असमय ही बूढ़े दिखने लगे थे उसके पिता; अपनी सन्तान को तो उन्होंने बड़ी अच्छी तरह पाला-पोसा, लेकिन अपना और अपनी पत्नी यानी केशव की माता का तनिक भी ख़याल नहीं किया उन्होंने। और उसे अपने पिता से जो उसकी बातचीत हुई थी वह याद आ गई; अजीब दुख से घुटा हुआ-सा उनका स्वर, कुछ अजीब तरह से टूटा हुआ।

नौकरी की बात चलाकर उसके पिता ने उसे एक उलाहना दिया था, उसे लगा। उन्होंने जो बात कही थी वह झुँझलाहट में कही थी, अपनी जान में उन्होंने अपने पुत्र से किसी प्रकार की शिकायत नहीं की थी। लेकिन जो कुछ उन्होंने कहा वह सत्य तो था। उसके पिता ने उसे काम-काज करने के लिए, यानी नौकरी करने के लिए तैयार कर दिया था, काम-काज से मतलब नौकरी का ही लगाया गया था। उसके द्वारा, उसके पिता के द्वारा, उसके समाज के द्वारा। जिस परम्परा और समाज में केशव पला था वहाँ काम-काज

से मतलब नौकरी से ही लगाया जाता था, और वह नौकरी भी क्लर्की थी। उसके जितने नाते-रिश्तेदार थे वे सब-के-सब क्लर्क थे, छोटे, बड़े, मझोले. ..तरह-तरह के क्लर्क। जो उस क्लर्की के पद से कुछ ऊपर उठकर अफसर बन गए थे, उन्होंने उस समाज से सम्बन्ध तोड़ने का क्रम आरम्भ कर दिया था, जो उस क्लर्की के पद को न पा सकने के कारण चपरासी बन गए या मेहनत-मज़दूरी करने लग गए, उस समाज में वे तिरस्कृत होने लगे। लेकिन यह उसके गिरने का क्रम बड़ा धीमा था।

केशवचन्द्र उस समाज से ऊपर उठने के सपने देख रहा था, वह बड़ी नौकरी पाना चाहता था, जिससे वह अपने वर्तमान समाज से ऊपर उठ सके, उसके पिता ने भी यही चाहा था। केवल एक हद तक, अपनी सामर्थ्य में रहकर। उसके आगे का काम स्वयं केशवचन्द्र की क्षमता और भाग्य के हाथ में था। जहाँ तक क्षमता का प्रश्न है, वह केशवचन्द्र में नहीं थी, थर्ड डिवीज़न में बी.ए. पास करने के बाद किसी ऊँची प्रतियोगिता में आना उसके लिए असम्भव-सा था। और भाग्य उसके प्रतिकूल था।

उसके पिता ने उसे अधिक-से-अधिक सहारा दिया, उसमें वह अपने पिता को दोष नहीं दे सकता था। जब तक पढ़ता रहा, उसके पिता ने उसे हर प्रकार की सुविधा दी; लेकिन यह कब तक होता रहेगा ? और उसी समय उसे सुधा के दहेज की याद हो आई जो उसके पिता के सामने तात्कालिक प्रश्न था। सुधा का दहेज जुटाना भी तो उसके पिता का धर्म था, रमेश और सुरेश को आगे पढ़ाना भी तो उसके पिता का ही धर्म है। और इन सब कामों में हाथ बँटाना उसका धर्म है। अपना धर्म वह नहीं निभा पाता, यही नहीं; वह अनुभव कर रहा था कि अपने पिता के धर्म-निर्वाह में वह अब एक भार-सा बन रहा है।

वह अकेला अपने पिता पर भार नहीं है, उसकी पत्नी माधुरी भी उसके पिता पर एक भार है। यह माना कि माधुरी घर का सब काम-काज करती है, पर माधुरी उसकी ही पत्नी है न जो बेकार है। पर इसमें उसका क्या दोष ? उसने तो अपना विवाह नहीं किया था, उसका विवाह तो उसके पिता ने उस समय कर दिया था, जब वह विवाह के महत्त्व को समझता भी न था। और माधुरी जब से इस घर में आई, घर के काम-काज में लग गई।

केशव की समझ में कुछ भी न आ रहा था कि वह क्या सोच रहा है और क्यों सोच रहा है। अन्त में उसने आवाज लगाई, ‘‘बड़ी प्यास लगी है सुधा, ज़रा एक गिलास पानी तो दे जाना !’’

जब उसे प्यास लगती थी तब वह स्वयं पानी लेकर पी लेता था, यह आवाज़ वह तब लगाता था जब उसे माधुरी को बुलाना होता था। माता-पिता के सामने वह कभी अपनी पत्नी से नहीं बोलता था, जब कभी उसे अपनी पत्नी को बुलाना होता था, तब वह सुधा का नाम लेकर पानी मँगवाता था। माधुरी उस समय रसोईघर में, सुरेश तथा रिश्तेदारी में आए हुए कुछ बच्चों को खाना खिला रही थी। थोड़ी देर तक वह माधुरी की प्रतीक्षा करता रहा, फिर झुँझलाहट में आकर उसने अपने कपड़े पहने। जब कपड़े पहनकर कमरे के बाहर निकल रहा था, उसे रसोईघर से निकलती हुई माधुरी दिखाई दी। इसके पहले कि वह कमरे के बाहर अपना कदम निकालता, माधुरी ने दौड़कर उसका हाथ पकड़ लिया और उसे कमरे में अन्दर खींचकर ले गई।

‘‘खाना नहीं खाओगे क्या ? देख तो रहे हो काम-काज का दिन, आने में थोड़ी देर हो गई तो इतना नाराज़ हो गए।’’ माधुरी ने केशव को बिठलाते हुए कहा, ‘‘अच्छा, अब कपड़े बदल लो। बच्चों को खिला चुकी हूँ। औरतों के खाने का इन्तज़ाम करना है। इस बीच में तुम्हारा खाना यहीं लाए देती हूँ। पक्का खाना बना है।’’

‘‘नहीं, अभी भूख नहीं है। मैं ज़रा बाबू जानकीनाथ के यहाँ जा रहा हूँ, तीन बजे वह दफ्तर से चले जाते हैं गोदाम को। एक बज गया है। देर होने पर वह मिलेंगे नहीं।’’

‘‘अरे तो उनसे कल मिल लेना। इतनी चिन्ता क्यों ? चलो, बदलो कपड़े, मैं खाना परसे लाती हूँ।’’ यह कहकर माधुरी ने केशवचन्द्र का कोट ज़बर्दस्ती उतरवा लिया। कोट उतारते हुए केशव ने कहा, ‘‘तुम नहीं समझोगी मधो ! तुम्हें मालूम है कि आज बाबू बाँकेलाल की चिट्ठी आई है बाबूजी के पास। नवरात्र की पंचमी के दिन तिलक की सायत बनी है तो उन्होंने तिलक माँगा है।’’

माधुरी चौंक उठी, ‘‘तो सुधा बीबी का तिलक इसी नौरात में जाना है, यह तो बड़ी अच्छी खबर सुनाई तुमने।’’

''अच्छी खबर कहती हो इसे, जान को मुसीबत पड़ गई है। दो हज़ार का तिलक जाना है। बाबूजी बड़े परेशान हैं, कह रहे थे कि मुझे भी अभी तक नौकरी नहीं मिली, इसीलिए अब दौड़-धूप में तेज़ी करनी पड़ेगी।''

''लेकिन नौकरी के लिए तो दौड़-धूप कर ही रहे हो। और मान लो कि आज ही नौकरी मिल जाए तो सुधा बीबी के तिलक का इन्तज़ाम कैसे हो जाएगा ? चलो, खाना खा लो, और भगवान पर सब कुछ छोड़ो, वही सब कुछ करनेवाला है।''

केशव जानता था कि माधुरी ने जो कुछ कहा वह सत्य है, फिर भी वह बोला, ''भगवान क्या करेगा, करना तो हम लोगों को ही है। पाँच-छह सौ रुपयों की कमी पड़ रही है, इसलिए बाबूजी भी दफ्तर गए हैं कि उनके साथियों से कुछ कर्ज़ मिल जाए उन्हें, यद्यपि इसकी आशा उन्हें नहीं के बराबर है।''

माधुरी मुस्कराई, ''लड़की का विवाह करना कुछ हँसी-खेल थोड़े ही है !'' फिर कुछ चुप रहकर उसने कहा, ''मेरे लालाजी ने मुझे चुपके-से दो सौ रुपये दिए थे, कहा था कि किसी से न बताना, सो वह मेरे पास हैं। यह मुसीबत का समय है, इसलिए तुम्हें बता दिया। सौ-पचास रुपये अम्माजी के पास भी होंगे। तो बाकी दो-तीन सौ रुपये रह जाते हैं, इतने का इन्तज़ाम बाबूजी कर ही लेंगे। अब चलो खाना खाकर थोड़ा-सा आराम कर लो।''

केशवचन्द्र की आँखें भर आईं, ''मधो, तुम स्त्री नहीं, देवी हो। अच्छी बात है, अब कल जाऊँगा बाबू जानकीनाथ के यहाँ।''

शाम के समय जब बाबू रामचन्द्र घर वापस आए, वह काफी उदास थे। अपने दफ्तर में केवल दो सौ रुपये का ही इन्तज़ाम कर पाए थे। घर आते ही उन्होंने केशव की माता को और केशव को बुलाया। केशव ने दो सौ रुपये अपने पिता के सामने रखते हुए कहा, ''लीजिए बाबूजी, दो सौ का यह इन्तज़ाम हो गया है, उनके पास थे, उनके लालाजी ने दिए थे उन्हें।'' और फिर वह अपनी माताजी की ओर घूमा, ''अम्मा, तुम्हारे पास भी तो कुछ रुपया होगा। अब इस समय अगर वह रुपया काम न आया तो किस काम आएगा ?''

''हाय राम ! मेरे पास रुपये भला कहाँ से आए ? घर के खर्च में भला

कुछ बच पाता है, दस-पाँच रुपये भले ही पड़े हों।'' केशव की माता ने अपने पुत्र का प्रतिवाद किया। लेकिन बाबू रामचन्द्र की समझ में यह बात जँच गई। उन्होंने कहा, ''मैं कहाँ-कहाँ हाथ फैलाता घूमूँ केशव की माँ, डेढ़-सौ की कमी अब भी है और कहीं इन्तज़ाम नहीं हो रहा है। मैं तुम्हारा रुपया वापस कर दूँगा, वचन देता हूँ।'' और यह कहकर रामचन्द्र ने सन्तोष की एक गहरी साँस ली। उन्हें पूरा यकीन हो गया कि उनकी पत्नी के पास डेढ़ सौ रुपया अवश्य होगा। और उनका विश्वास ठीक ही था। केशव की माँ ने अपनी रुपयों की पोटली रामचन्द्र के सामने रख दी, रुपया, अठन्नियों, चवन्नियों, दुअन्नियों, इकन्नियों के रूप में एक सौ सत्तर रुपये बारह आने थे उसमें। और इसके बाद ही एक प्रसन्नता का वातावरण उत्पन्न हो गया उस घर में।

दूसरे दिन केशव के तिलकवाला पीतल का बड़ा थाल निकाला गया और उसकी सफाई की गई। तिलकवाली चाँदी की थाली बाबू रामचन्द्र के पास ही थी, उसकी भी सफाई की गई। और तिलक में भेजे जानेवाले कपड़ों की फेहरिस्त बनाई गई।

नवरात्रि की चतुर्थी के दिन जब घर के पुरोहित को बुलाया गया, यह पता चला कि वह कहीं बाहर चले गए हैं और तिलक ले जाने का भार अपने छोटे भाई पर छोड़ गए हैं जो अपनी आदतों के लिए बदनाम था। इस समाचार से बाबू रामचन्द्र के सामने फिर एक समस्या खड़ी हो गई। जहाँ तक संस्कार आदि कराने का प्रश्न था, पुरोहितजी के छोटे भाई पढ़े-लिखे थे अपने भाई से अधिक, उन्हें धर्म का ज्ञान भी अच्छा था; लेकिन तिलक की दो हज़ार की रकम उनके हाथ में नहीं रखी जा सकती थी। रमेश की आयु सत्रह साल की अवश्य थी, लेकिन केशव की भाँति वह भी तो सुधा का बड़ा भाई था। और सत्रह वर्ष के रमेश के हाथ वह रकम सौंपी नहीं जा सकती थी। बाबू रामचन्द्र ने केशव को बुलाया ''बेटा, तिलक लेकर तुम्हें ही जाना पड़ेगा, ऐसा लगता है।''

''जी ! मैं भी समझता हूँ कि मेरा जाना ही ठीक होगा।''

''लेकिन उनके घर का पानी न पीना, न खाना खाना। तिलक लगाकर सीधे स्टेशन चले आना, वहीं सो रहना, और खाना किसी हलवाई की दुकान

पर खा लेना।''

''और अगर वह खाना खाने का इसरार करें ? मेरा ऐसा ध्यान है कि उनके यहाँ तिलक की दावत होगी।'' केशव ने पूछा।

''कितना भी इसरार करें, खाना किसी हालत में भी न खाना वहाँ पर। वैसे ज़माना बदल रहा है, लेकिन जब तक निभता चले, निभाए जाना चाहिए; क्यों किसी को उँगली उठाने का मौका दिया जाए।''

बाबू बाँकेलाल ने वास्तव में तिलक की बहुत बड़ी दावत की थी। फतेहपुर से कानपुर के लिए गाड़ी सुबह आठ बजे मिलती थी...रात भर केशव को फतेहपुर में रुकना था। बाबू बाँकेलाल ने केशव को स्टेशन किसी भी हालत में नहीं जाने दिया।

दावत के बाद बाबू बाँकेलाल, उनका लड़का गोपीनाथ और उनके नाते-रिश्तेदार केशव को घेरकर बैठ गए। केशव क्या कर रहा है...आगे उसका क्या करने का इरादा है...बातचीत का विषय यही था। गोपीनाथ चलता-पुर्जा और व्यावसायिक बुद्धि का युवक था, किसी हद तक वाचाल भी कहा जा सकता था। उसने केशव को दुनियावी मामले पर काफी सलाहें दे डाली थीं। और उन सब बातों को सुनकर केशव का मन वितृष्णा से भर गया था। जिस समाज का वह अनिवार्य काम था, उस समाज के रूप को देखकर उसे अपने ऊपर ही ग्लानि हो रही थी। बड़े संयम के साथ उसने अपने अन्दरवाली वितृष्णा और ग्लानि को प्रकट होने से रोका। कॉलेज में उसने कुछ सपने बनाए थे; वे लगातार टूटते जा रहे थे; वह देख रहा था कि जीवन की सार्थकता पैसे में ही समझी जाती है, और पैसा पैदा करने के लिए छल, फरेब, बेईमानी...सब कुछ ठीक समझा जाता है। पर इन सबों को जो बाहरी आडम्बर और दिखावे से ढक सकता है, वही सफल है।

उस रात उसने भोजन नहीं किया, सुबह की गाड़ी से वह कानपुर चला आया था।

4

एक लम्बा रास्ता...जिसका कहीं अन्त ही नहीं...और उस रास्ते का वह पथिक है...केशव सोच रहा है। और उस अन्तहीन अवगत पथ के साथ एक अनिवार्य गति भी है जो ज़िन्दगी कहलाती है। इस गति की सीमाएँ हैं जन्म और मृत्यु के रूप में। इस गति का आरम्भ जन्म के साथ होता है, इस गति का अन्त मृत्यु के साथ होता है। जन्म और मृत्यु के बीच इस गति में कहीं किसी प्रकार का व्यक्तिक्रम नहीं। इस गति से किसी को कहीं कोई छुटकारा नहीं।

केशव चुपचाप कमरे में लेटा है, लेकिन गति उसके साथ लगी हुई है। उसकी साँस चल रही है, उसके दिल में धड़कन हो रही है। यही नहीं, वह सोच रहा है, बड़ी तेज़ी के साथ। इस सोचने-विचारने में भी तो गति है। और यह गति तब तक कायम है जब तक वह जीवित है। असल में गति ही जीवन है, गतिहीनता मृत्यु है। इस गति का एक अनिवार्य भाग है संघर्ष ! यह संघर्ष ! कुछ बड़ा विचित्र-सा रूप है इस संघर्ष का जो उसकी समझ में नहीं आ रहा, लेकिन जिसे वह स्पष्ट रूप से देख रहा है। आखिर यह संघर्ष है क्या ?

बचपन में केशव को कभी कोई संघर्ष करना पड़ा हो, उसे याद ही नहीं। परिस्थिति उसके अनुकूल थी, उसके व्यक्तित्व का विकास न होने के कारण उसकी प्रवृत्तियाँ प्रस्फुटित नहीं हुई थीं। माता-पिता का अगाध स्नेह उसे प्राप्त था, वह खाता-पीता था, हँसता-खेलता था, किसी बात की चिन्ता नहीं

करनी पड़ी थी उसे। उसे ऐसा लग रहा था कि संघर्ष परिस्थिति में प्रतिकूलता का ही दूसरा नाम है। जब मनुष्य के ऊपर ज़िम्मेदारियाँ आती हैं तब उसे परिस्थितियों से लड़ना पड़ता है।

केशवचन्द्र को नौकरी पाने के लिए कितना दौड़ना पड़ा, न जाने कितनी निराशाओं का सामना करना पड़ा, न जाने कितने अपमान सहने पड़े। फिर भी वह कायम रहा। निराशा, अपमान, चोट इन सबसे अधिक शक्तिशाली होती है, मनुष्य की जीवनी-शक्ति। हम जिसे मुसीबतों का पहाड़ समझते हैं, धीरे-धीरे हम उन्हें लाँघ जाते हैं और उन्हें लाँघने के समय हमें वे मुसीबतें उतनी कठोर और दुखद भी नहीं लगतीं जितनी वे पहले दिखती थीं।

जनवरी के महीने में सुधा का विवाह हो गया। उस विवाह में दिल खोलकर खर्च किया था बाबू रामचन्द्र ने। उन पर काफी कर्ज़ भी हो गया था। केशव को उस समय तक कोई नौकरी नहीं मिली, लेकिन उसके चारों ओर आशाओं का ताना-बाना मौजूद रहा। आज नहीं कल, कल नहीं परसों, किसी दिन तो केशव को नौकरी मिलेगी। उनके मित्रों ने हमेशा उन्हें ढाढ़स बँधाया। ज़माना बदल गया था, परिस्थितियाँ भी बदल गई थीं। शिक्षा बढ़ रही थी, और शिक्षा बढ़ने के साथ मध्य-वर्ग का वह दायरा भी बढ़ता जाता था जिसमें बाबू रामचन्द्र स्थित थे।

उसे याद हो आई जून की वह दोपहर जब उसे लू लग गई थी। बाबू रामचन्द्र के मैनेजर खन्ना साहब ने केशव को एक सिफारिश की चिट्ठी दी थी श्री रामनारायण दीक्षित के नाम जो करकरा कम्पनी के मैनेजर थे। सीनियर सेल्स इंचार्ज की जगह खाली थी वहाँ, पचास रुपये महीना तनख्वाह थी और उसी दिन बारह बजे गोर्डन एंड गोर्डन कम्पनी में उसका इंटरव्यू था जहाँ एक सेक्शन-इंचार्ज की आवश्यकता थी साठ रुपये महीने पर।

ठीक दस बजे खाना खाकर केशव निकल पड़ा करकरा कम्पनी में जाने के लिए। आठ बजे से ही गरम हवा के झोंके चलने लगे थे। करकरा कम्पनी का दफ्तर उसके मकान से दो मील की दूरी पर था। उससे प्रायः दो फर्लांग आगे गोर्डन एंड गोर्डन का दफ्तर था। वैसे केशव उन दिनों नौकरी की तलाश में पैदल ही निकलता था, लेकिन उस दिन इंटरव्यू को ध्यान में रखकर उसने एक इक्का ले लिया, चार आने में। करकरा कम्पनी के पास पहुँचकर

उसने इक्के को विदा किया। ग्यारह बज रहे थे। दफ्तर में पूछता-पूछता वह दीक्षितजी के कमरे के सामने पहुँचा बाहर उनका चपरासी बैठा था। चपरासी से उसने कहा, ''साहब से मिलना है मुझे।''

''साहब तो इस वक्त बहुत बिजी हैं, फाइलों पर दस्तखत कर रहे हैं। यह उनके मिलने का समय नहीं है। क्या काम है ?''

''मुझे खन्ना साहब ने भेजा है यह चिट्ठी देकर।'' खन्ना साहब की चिट्ठी जेब से निकालकर चपरासी के हाथ में देते हुए केशव ने कहा, ''ज़रा इत्तिला कर दो।''

''कह तो दिया कि यह उनके मिलने का वक्त नहीं है, दो बजे आना।''

''अरे भाई, यह चिट्ठी तो उनके पास पहुँचा दो, खन्ना साहब की चिट्ठी है। यह खन्ना साहब एंड्रूज कम्पनी के मैनेजर हैं।'' केशव ने विनयपूर्वक कहा। एंड्रूज़ कम्पनी के मैनेजर का हवाला सुनकर चपरासी ज़रा सकपकाया, लेकिन उसने अकड़ते हुए चिट्ठी हाथ में ले ली, ''बड़े-बड़े जिद्दी आदमियों से पाला पड़ जाया करता है।'' और यह कहकर वह कमरे के अन्दर चला गया।

दीक्षितजी ने पन्द्रह दिन पहले अपने मामा के लड़के को चिट्ठी लिखी थी जिसने उसी साल बी.ए. पास किया था। उन्हें बहुत आशा तो नहीं थी कि उसके मामा उसे कानपुर भेजने को राज़ी होंगे क्योंकि लड़का वकालत पढ़ना चाहता था। पर वकालत में कुछ धरा नहीं है जब कि करकरा कम्पनी में वह काफी उन्नति कर सकेगा। लेकिन उस दिन तक उन्हें उस पत्र का उत्तर न मिला था।

उन्होंने खन्ना साहब की चिट्ठी पढ़ी, फिर उन्होंने चपरासी से कहा, ''उसे अन्दर भेज दो।''

केशवचन्द्र अन्दर पहुँचा। दीक्षितजी ने केशव को एक बार सिर से पैर तक देखा, ''हूँ ! तो तुमने पारसाल बी.ए. पास किया था। अभी तक तुमने कोई काम नहीं किया, क्या करते रहे अब तक ?''

''जी, इधर-उधर कोशिश करता रहा काम पाने की, लेकिन ढंग का काम नहीं मिला कहीं।''

मुँह बनाते हुए दीक्षितजी ने कहा, ''दिखते तो तुम अच्छे-खासे स्मार्ट हो,

लेकिन तुम्हारा ढंग के काम से क्या मतलब है ? काम करोगे तो मेहनत तो करनी ही पड़ेगी ! तुम्हारा मतलब शायद अच्छी तनख्वाह से होगा।''

''जी हाँ, आपके यहाँ तनख्वाह ठीक है। मेहनत करने में मैं घबराता नहीं हूँ, मेरे काम से आप सन्तुष्ट रहेंगे।''

इस बीच चपरासी उनके सामने उस दिन की डाक रख गया। दीक्षितजी ने डाक उलटते-पुलटते हुए कहा, ''खन्ना साहब ने तुम्हारी बड़ी तारीफ की है।'' यह कहते-कहते उन्होंने एक पत्र उठाया। उस पत्र को खोलकर वह जल्दी-से-जल्दी आदि से अन्त तक पढ़ गए। वह उनके मामा के लड़के का पत्र था और उसने इस नौकरी पर आना स्वीकार कर लिया था। दीक्षितजी ने केशव की ओर देखा, ''मुझे बड़ा अफसोस है कि जिस जगह के लिए मिस्टर खन्ना ने मुझे लिखा था वह भर गई। लेकिन अगले महीने मुझसे मिल लेना...एक जगह और होनेवाली है, तनख्वाह तो उसमें चालीस रुपया महीना होगी, लेकिन जल्दी ही तरक्की करने का मौका मिलेगा।''

केशव ने घड़ी देखी, साढ़े ग्यारह बज चुके थे। वह उठ खड़ा हुआ, आधा घंटा बाकी था इंटरव्यू के लिए। उसे उस समय प्यास भी लग आई थी। वह इधर-उधर नल देखने लगा, जिससे वह पानी पी सके। लेकिन उसे कहीं नल नहीं दिखलाई दिया। आस-पास कोई सवारी भी नहीं दिखलाई दी उसे। वह गोर्डन एंड गोर्डन कम्पनी के ऑफिस के लिए पैदल ही रवाना हो गया। लेकिन उसे अब जल्दी करनी थी, वह स्थान जहाँ उसे जाना था, दो फर्लांग से ज़्यादा दूर था, सम्भव है तीन फर्लांग हो। और दफ्तर की दूसरी घड़ी में उस समय पौने बारह के ऊपर हो चुके थे।

धूप भयानक रूप में तेज़ थी, और लू चलने लगी थी। इस पर केशव को हलकी-सी प्यास लगी थी। लेकिन केशव को तो बारह बजे से पहले इंटरव्यू के लिए पहुँच जाना था।

जिस समय वह गोर्डन एंड गोर्डन कम्पनी में पहुँचा, इंटरव्यू आरम्भ हो गया था। सात आदमी बुलाए गए थे...पाँच आदमियों का इंटरव्यू हो चुका था। प्रार्थी बरामदे में बैठे थे और चपरासी एक-एक का नाम पुकारता था। केशवचन्द्र ने जिस समय कम्पाउंड में प्रवेश किया उसी समय उसे चपरासी की आवाज़ सुनाई दी, ''केशवचन्द्र...केशवचन्द्र...नहीं आए ! रामेश्वर... ।''

केशव बरामदे की ओर दौड़ा, रामेश्वर उस समय कमरे में प्रवेश कर रहा था। उसने चपरासी से कहा, ''मैं आ गया हूँ, मैं ही केशवचन्द्र हूँ।''

रामेश्वर कमरे में जा चुका था। चपरासी ने कहा, ''अब यह चले गए, पहले क्यों नहीं आए। इसके आने के बाद आपका नम्बर आएगा।'' केशवचन्द्र एक खाली कुर्सी की ओर बढ़ा। तब तक उसे एक आवाज़ सुनाई दी, ''चाहे बैठो चाहे जाओ। पहले ही तय कर लिया गया है कि कौन लिया जाएगा। यह इंटरव्यू तो एक तमाशा है।''

जिस आदमी की वह आवाज़ थी, केशवचन्द्र ने उसकी ओर देखा था। दुबला-सा युवक था वह जो दूर से अधेड़ दिख सकता था, एक तरह की कठोरता और कटुता थी उसके चेहरे पर, जो यह साफ बतला रही थी कि उसे हर तरफ असफलता ही मिली है। वह भी इंटरव्यू में आया था, लेकिन उसका इंटरव्यू हो चुका था।

तब तक उसके पास बैठे हुए दूसरे व्यक्ति ने कहा, ''और नहीं क्या। छोटे साहब के नज़दीकी रिश्तेदार हैं ज्ञानचन्द्र, इस दफ्तर में छह महीने से काम कर रहे हैं एवज़ी में। अनुभव है, सिफारिश है, इस इंटरव्यू से तो केवल खानापुरी की जा रही है। पहले से पता होता तो यहाँ आता ही नहीं।''

केशव ने वहाँ उपस्थित व्यक्तियों को देखा, फिर अन्त में अपने ही आप बोल उठा, ''तो फिर दोपहर के समय इस तपती धूप में हम लोगों को बेकार बुलाया गया...आधा मील का रास्ता पैदल ही तय किया है, सवारी तक नहीं मिली, प्यास के मारे गला सूख रहा है।''

केशव के पासवाले एक युवक ने कहा, ''बाहरवाले नल से पानी पी आइए, सूखे गले से इंटरव्यू क्या दीजिएगा। जल्दी कीजिए, रामेश्वर साहब आते ही होंगे, पाँच मिनट से ज़्यादा नहीं लगते हैं इंटरव्यू में।''

''यहाँ कहीं ठंडा पानी नहीं मिल सकेगा, उस नल का पानी तो जल रहा होगा।''

पहले आदमी ने कहा, ''जी...आगे आप चाय और नाश्ता भी माँगिएगा। चले हैं क्लर्की करने, और यह शान ?''

इसके पहले कि केशव पानी पीने के लिए जाए, मैनेजर के कमरे का दरवाज़ा खुला और रामेश्वर वापस आ गया। रामेश्वर के साथ मैनेजर का

पर्सनल क्लर्क भी था, उसने चपरासी से कहा, ''बुद्धू, ज़रा बाबू ज्ञानचन्द्र को बुला लाना, कहना कि बड़े साहब ने उन्हें बुलाया है, अपना काम छोड़कर चले आएँ।'' फिर उसने इंटरव्यू में आए हुए लोगों की ओर मुड़कर कहा, ''इंटरव्यू खत्म हो चुका, आप लोगों को डाक से बतला दिया जाएगा इसका नतीजा, अब आप लोग जा सकते हैं।''

केशव ने उठकर उस व्यक्ति से कहा, ''अभी मैं बाकी हूँ, मेरा नाम केशवचन्द्र है, मेरा इंटरव्यू नहीं हुआ।''

''अरे, आप बाकी ही रह गए और चुनाव हो भी गया...नहीं-नहीं...यों कहिए...खैर जाने भी दीजिए...अच्छा ठहरिए, अभी बतलाता हूँ।'' यह कहकर वह कमरे के अन्दर चला गया।

एक मिनट के अन्दर ही उसने कमरे से निकलकर कहा, ''साहब को अब फुर्सत नहीं है। चुनाव कर लिया गया है, आपका इंटरव्यू करना बेकार होगा। अब आप भी तशरीफ ले जाइए।''

एक ग्लानि-सी हुई केशव को, उसे क्रोध भी आया, लेकिन सब कुछ व्यर्थ था। थका हुआ और टूटा हुआ वह बाहर निकला, वह यह भी भूल गया कि उसे प्यास लगी है। दोपहर जल रही थी और दूर तक कोई सवारी नहीं दिखाई दे रही थी। पैरों को घसीटता हुआ वह चलने लगा अपने घर की ओर। आगे चौराहा पड़ता था, चौराहे पर एक इक्का खड़ा था, बिना इक्केवाले से किराया तय किए हुए वह इक्के पर बैठ गया। उसका दिमाग जल रहा था क्रोध और विक्षोभ से; और अब उसे लगा कि उसका सारा शरीर जल रहा है, और जैसे उसके शरीर में शक्ति ही नहीं रह गई है। इक्केवाले को उसने अपना पता बतलाया...और वह विचारों में डूब गया। इक्का चल रहा था और केशव अचेतन अवस्था में सोच रहा था, सोच रहा था। उसका शरीर जल रहा था, उसकी आँखें जल रही थीं। उसे पता ही नहीं चला कि इक्का किस समय उसके मकान के सामने रुका।

मकान अन्दर से बन्द था और केशव बेहोश-सा इक्के पर बैठा था। इक्केवाले ने केशव से पूछा, ''यही मकान है क्या आपका ?'' लेकिन जब उसके प्रश्न का कोई उत्तर नहीं मिला, तब उसने मुड़कर पीछे देखा। उसने केशव को हिलाया, और केशव की चेतना लौटी। इक्केवाले ने सहारा देकर

केशव को इक्के से नीचे उतारा। केशव ने टूटे हुए स्वर में पुकारा, ''... मुझे !'' और अब उसकी सारी शक्ति जवाब दे गई। उसने इक्केवाले को चवन्नी दी और लड़खड़ाकर चबूतरे पर गिर पड़ा। इक्केवाले ने अब ज़ोर से पुकारा, ''अरे किवाड़ खोलो, बाबू बहुत बीमार हैं...बेहोशी में गिर पड़े हैं।''

केशव की माता सो रही थी; लेकिन माधुरी केशव के कपड़े सी रही थी। माधुरी दौड़ी, उसने दरवाज़ा खोला। केशव को चबूतरे पर बेहोश पड़ा देखकर वह चीख उठी। इक्केवाले ने सहारा देकर केशव को उठाया। माधुरी ने अपनी सास को आवाज़ दी, ''अम्माजी, जरा इधर आइए, देखिए क्या हो गया है इन्हें ?''

केशव की माता हड़बड़ाकर उठ बैठी। इस समय तक माधुरी ने केशव को बिस्तर पर लिटा दिया था। इक्केवाला चला गया। माधुरी ने अपनी सास से कहा, ''अम्माजी... कितना तेज़ बुखार चढ़ा है इन्हें, बदन तवा-सा जल रहा है।''

केशव की माता ने केशव को देखा, ''अरी बहू...इसे लू लग गई है... सुरेश ! अरे ओ सुरेश !''

सुरेश अपने कमरे से दौड़ता हुआ आया, ''क्या है माँ ?''

''अरे अपने बाबूजी को तो बुला ला दफ्तर से...केशव को लू लग गई है। बहू जल्दी से अम्बिया भून के शर्बत बना लो।''

केशव की चेतना लौटी और उसने आँखें खोलीं। वह कराह उठा, ''पानी ! बदन से लपट निकल रही है...एक गिलास ठंडा पानी !''

माधुरी दौड़कर पानी ले आई, केशव ने एक घूँट में गिलास खाली कर दिया। केशव की माँ ने सुरेश से कहा, ''देख क्या रहा है, जल्दी से खबर कर दे, किसी डॉक्टर या वैद्य को लेकर वह आ जाएँ।''

कमज़ोर स्वर में केशव बोला, ''नहीं, बाबूजी के यहाँ मत दौड़ाओ इसे, मैं आप ही आप ठीक हो जाऊँगा। ज़रा-सा शरबत बना दो...मैं ताव खा गया हूँ।''

सास-बहू ने मिलकर तत्काल अम्बिया का शर्बत बनाया और केशव ने एक गिलास शर्बत पी लिया। उसकी बेहोशी अब दूर हो गई थी, उसने रमेश से कहा, ''अपने कमरे में जाकर लेटो...शाम तक मेरी तबीयत ठीक हो

जाएगी।'' फिर उसने अपनी माता की ओर देखा, ''थोड़ा-सा सो जाऊँ...तुम भी लेटो जाकर अम्मा। और कमरे का दरवाजा बन्द कर दो...धूप तो जल रही है।'' और यह कहकर केशव ने आँखें बन्द कर लीं।

अपनी माता और अपने भाई के जाने के बाद केशव ने फिर आँखें खोलीं, ''नींद नहीं आएगी...सारे शरीर में जलन हो रही है।''

''तुम सोने की कोशिश तो करो...मैं पंखा झलती हूँ। दो बजे फिर एक गिलास अम्बिया का शर्बत बना दूँगी।'' और माधुरी केशव को पंखा झलने लगी।

कितनी जलन थी, कितनी पीड़ा थी उसके शरीर में तब, केशव को आज तक याद है। वह जलन और पीड़ा उसके शरीर में ही नहीं थी, उसके दिमाग में भी थी। उसको चारों ओर लपटें दिखाई दे रही थीं, पर पास ही कहीं हलकी-सी शीतलता को भी वह अनुभव कर रहा था। और वह कोमलता से भरी शीतलता माधुरी थी जो चुपचाप उस पर पंखा झल रही थी।

माधुरी जो असीम ममता, त्याग और संवेदना लेकर आई थी उसके जीवन में, वही माधुरी उसके पास बैठी हुई पंखा झल रही थी। हरेक संकट के समय माधुरी ने उसका साथ दिया था, स्वयं अभाव में रहकर माधुरी ने केशव की आवश्यकताओं पर ध्यान दिया, उन्हें पूरा किया। अभी दो महीने पहले की बात है...उसके पिता शाम के समय बड़े चिन्तित बैठे थे। केशव जब दफ्तरों का चक्कर लगाकर लौटा तो उसने देखा कि लाला मिट्ठूमल बैठक में बैठे रामचन्द्र से बातचीत कर रहे हैं, और जहाँ रामचन्द्र के स्वर में एक विवशता से भरी विनय है वहाँ लाला मिट्ठूमल के स्वर में रूखाई से भरी कठोरता है।

लाला मिट्ठूमल के जाने के बाद केशव ने रामचन्द्र से पूछा, ''क्या कह रहे थे लाला मिट्ठूमल ?''

''कह क्या रहे थे, मुकदमा चलाने की धमकी दे रहे थे। अरे अभी दो महीने ही तो हुए हैं उनसे कपड़ा लिए हुए, चार सौ रुपये की रकम है। मैं कहता था कि बीस रुपया महीना करके बीस महीने में यह रकम अदा करूँगा, लेकिन वह कहते हैं कि मैं इन्दुलतलब रुक्का लिख दूँ...एक रुपया सैकड़ा सूद पर। भला बतलाइए लूट मचा रखी है।'' और फिर हारे हुए स्वर

में बोले, ‘‘दिखता है यही करना पड़ेगा। क्या बतलाऊँ, तुम्हारी नौकरी कहीं लग जाती तो आसानी होती !’’

केशव क्या कहता इस बात पर...वह चुपचाप अपने कमरे में चला गया। और उसी समय माधुरी आई उसके पास, अपनी सोने की माला हाथ में लिए हुए। केशव ने आश्चर्य से माधुरी को देखा, ‘‘यह क्या ?’’

‘‘सुरेश भैया का नाम काटा जा रहा है, साल का आखिर है, और तीन महीने की फीस बाकी है। तीस-चालीस की यह माला बिक जाएगी...बाबूजी को यह रुपया दे देना। अम्माजी ने तो अपने सब गहने सुधा बीबी को दे दिए थे।’’

और केशव ने वह माला बेचकर अपने पिता की मुसीबत दूर की थी। दो महीने हो गए इस बात को हुए।

माधुरी पंखा झल रही थी, और केशव के शरीर की जलन कम नहीं हो रही थी। पर हालत वहीं थम गई थी, यही क्या कम था। शाम को जब उसके पिता दफ्तर से लौटे, उन्होंने केशव की हालत देखी। वह वैद्य को बुलाना चाहते थे। लेकिन केशव ने उन्हें ऐसा करने से रोका। इलाज के माने हैं रुपये...जब घरेलू इलाज से ही मर्ज़ ठीक हो जाए, तब डॉक्टरी इलाज की क्या आवश्यकता ?

तीन दिन तक वह बुखार में पड़ा रहा, और जब वह बिस्तर से उठा, तब वह बेहद कमजोर हो गया था। इस बीच रमेश का रिज़ल्ट आ गया, फर्स्ट डिवीज़न में वह इंटरमीडिएट पास हुआ था। कितनी प्रसन्नता हुई थी रामचन्द्र को रमेश का रिज़ल्ट देखकर ! लेकिन कुछ चिन्ता भी हुई...रमेश को भी कॉलेज भेजना पड़ेगा...लम्बी फीस देनी पड़ेगी। यह सब कहाँ से होगा ?

यह चिन्ता अकेले रामचन्द्र को ही नहीं थी, यह चिन्ता केशव को भी थी। और उस बीमारी से उठने के एक सप्ताह के अन्दर केशव को भी नौकरी मिल गई। कितना प्रसन्न हुआ था वह उस दिन नौकरी प्राप्त करके ! साठ रुपया महीना की नौकरी मिली, और जिस दिन उसे नौकरी मिलने का समाचार मिला था, उसी दिन उसकी पत्नी माधुरी ने बताया था कि उसके पेट में बच्चा आ गया है।

5

जीवन एक अनवरत संघर्ष है, उस संघर्ष का केशव को एक लम्बा अनुभव है, और इस संघर्ष का अन्त है मृत्यु जो असफलता और निराशा की प्रतीक है। पर यह असफलता और निराशा प्राण-तत्त्व और जीवनी-शक्ति का विरोधी तत्त्व है...वह मृत्यु का अवयव है, जीवन का नहीं। उसका अनुभव है कि आदमी हँसता है, नाचता है, गाता है। असफलताओं, निराशाओं और यातनाओं में जीवित रहते हुए भी यह उत्सव मनाता है, राग-रंग में अपने को खो देता है। केशव की समझ में नहीं आ रहा कि यह सब क्यों होता है और कैसे हो सकता है, लेकिन यह कटु और कुरूप सत्य है जिससे इनकार नहीं किया जा सकता। और एकाएक केशव को अनुभव हुआ कि असफलता, निराशा और मृत्यु व्यक्ति के अवयव हैं, समूह के अवयव नहीं हैं, जीवन का असली रूप सामाजिक अथवा सामूहिक है, वैयक्तिक नहीं है।

लेकिन यह समूह...क्या इसका अस्तित्व सत्य है ? आज उसके पिता रामचन्द्र इस दुनिया में नहीं हैं, उसकी माता का देहान्त उसके पिता के जीवनकाल में ही हो गया था। उसका छोटा भाई रमेश...वह छोटा अफसर बन गया है, वह उसके समाज से, यानी क्लर्कों के समाज से अलग होकर एक नवीन समाज की स्थापना कर रहा है जो उच्च-मध्य-वर्ग कहलाने लगा है। रमेश दिल्ली में रहता है, वे केशव से कतराता है, केशव के परिवार से कतराता है। रमेश का भी परिवार है, रमेश का सामाजिक स्थान है। और रमेश से छोटा सुरेश, उसका कोई पता नहीं है उसे। बी.ए. पास करके उसने

कोई काम नहीं किया, क्लर्की वह करना नहीं चाहता था, और ऊँचा काम उसे मिला नहीं। राजनीतिक कार्यकर्ताओं के साथ वह घूमता था, मज़दूर बस्तियों में वह व्याख्यान देता था और पुलिस उसके पीछे थी। और एक दिन वह किसी राजनीतिक मुकदमे में गिरफ्तार हो गया। सज़ा काटकर वह घर लौटा, पुलिस घर के चक्कर काटा करती थी... और एक दिन केशव ने उसे समझाने की कोशिश की। लेकिन इस समझाने ने उलाहने और व्यंग्य का स्थान ले लिया, और सुरेश घर छोड़कर चला गया। पता नहीं सुरेश कहाँ है, दो महीने पहले यह खबर मिली थी कि वह बम्बई में एक बड़ा कम्युनिस्ट नेता है, उसका नाम भी केशव ने अक्सर अखबारों में पढ़ा था, लेकिन सुरेश इसके बाद घर नहीं आया, न माता की मृत्यु के अवसर पर और न पिता की मृत्यु के अवसर पर।

उसकी बहिन सुधा फतेहपुर में ही है। उसके पति गोपीनाथ ने अच्छी-खासी जायदाद खड़ी कर ली थी, लेकिन सुधा के बड़े लड़के ने काफी रुपया उड़ा दिया। सुधा कभी-कभी कानपुर आ जाया करती थी अपने भाई के यहाँ, लेकिन सुधा का अपना निजी घर था, अपनी निजी गृहस्थी थी।

समूह छिन्न-भिन्न होता रहता है, शायद व्यक्ति ही सत्य है और नित्य है। नहीं, छिन्न-भिन्न नहीं होता, उस समूह का रूप ही बदलता है। एक व्यक्ति उस समूह से जाता है, दूसरा आ जाता है। इस प्रकार समूह ज्यों-का-त्यों बना रहता है। यही नहीं, समूह बढ़ता ही जा रहा है। और इस बढ़ते हुए समूह के कारण दुनिया की यह हालत है, उसकी यह हालत है। इस समूह का भावनात्मक पहलू तो है, लेकिन उस भावनात्मक पहलू से कहीं अधिक महत्त्वपूर्ण इस समूह का आर्थिक पहलू है। और केशव को लग रहा है कि यह आर्थिक पहलू ही सत्य है...भावनात्मक पहलू तो केवल भुलावा है। लेकिन यह जिन्दगी तो स्वयं ही भुलावा है, और यह भावनात्मक पहलू जिन्दगी का अनिवार्य और अविच्छिन्न अंग है।

यह हँसी-खुशी, यह राग-रंग-उत्सव, यह विलाप और रुदन...ये इस भावनात्मक पहलू के ही तो अंग हैं। केशव को याद है वह दिन जिस दिन एकबारगी ही पच्चीस रुपये महीने की तरक्की पाकर वह अपने दफ्तर में हेडक्लर्क बन गया था।

उन दिनों उस पर दफ्तर का बहुत-सा काम लाद दिया गया था। दो महीने पहले हेडक्लर्क बाबू मथुराप्रसाद की मृत्यु हो गई थी, और उस स्थान की पूर्ति नहीं हुई। छोटे साहब या असिस्टेंट मैनेजर ही बाबू मथुराप्रसाद का काम सँभालते थे, लेकिन छोटे साहब में अनुभव की कमी थी, फिर वे अफसर थे। वह अपना काम टाल दिया करते थे। पन्द्रह दिन पहले बड़े साहब ने केशव को अपने पास बुलाकर कहा था कि वह छोटे साहब की मदद कर दिया करें। बड़े साहब जानते थे कि उनके दफ्तर में केशवचन्द्र ही सबसे अधिक मेहनती आदमी है।

बृहस्पतिवार का दिन था और ऑफिस की घड़ी में शाम के पाँच बज रहे थे। सब क्लर्कों ने अपनी-अपनी फाइलें बन्द कर दी थीं...काग़ज़ अलमारियों में या मेजों के खानों में रखे जा रहे थे, केवल केशवचन्द्र अपने काग़ज़ों में उलझा हुआ था। बाबू शिवलाल से नहीं रहा गया, उन्होंने आवाज लगाई, ''कहिए बाबू केशवचन्द्र ! पाँच बज गए हैं, उठिए भी, बाकी काग़ज़ कल देखिएगा।''

केशव ने बिना अपनी नजर उठाए हुए ही कहा, ''बस अभी उठा, जरा इन वाउचरों का हिसाब कर लूँ।'' और काग़ज़ों को उलटते हुए उसने मानो अपने से ही कहा, ''हूँ, तो तीन वाउचर गायब हैं।'' और केशव ने अपना सिर उठाया, ''चटर्जी बाबू ! वे राजाराम कम्पनी के तीन वाउचर कहाँ हैं ?''

''ओ रे...हम तो भूल गया केशो बाबू...वे राजाराम कम्पनी की फाइलों में ही होंगे, कल निकाल देगा।''

''कल नहीं, अभी निकाल दो...पहले इनका हिसाब ठीक कर लूँ तब चलूँ !''

''अच्छा बाबा...अभी निकाला। तुम तो ऐसा काम करता है जैसे कम्पनी का मालिक तुम्हीं है।'' और चटर्जी ने अपनी अलमारी खोली।

''जी ! नमकहलाली का सबक अगर किसी को लेना हो तो वह बाबू केशवचन्द्र साहब से ले। ईं जानिब तो रवाना हुए...चलिए, बाबू शिवलाल साहब।'' रहमतउल्ला यह कहकर उठ खड़ा हुआ, ''देख क्या रहे हैं जेकब साहब...आध घंटा लगेगा इन वाउचरों के चक्कर में। वह हैं बाबू केशवचन्द्र, एक-एक काग़ज़ उलट-पुलटकर देखेंगे, बाल की खाल निकालेंगे, तब कहीं

जाकर चटर्जी का पिंड छोड़ेंगे।''

इसी समय जनरल मैनेजर का चपरासी केशवचन्द्र की मेज के सामने आकर रुका, ''केशवचन्द्र, छोटे साहब ने आपके पास यह काग़ज़ भेजा है। अभी-अभी बड़े साहब के साथ दफ्तर से गए हैं।''

केशवचन्द्र ने निर्लिप्त भाव से वह लिफाफा लेकर खोला, उसके अन्दरवाले काग़ज़ को पढ़कर वह चौंक उठा, ''ऐं।''

'ऐं !' शब्द केशवचन्द्र ने इस ढंग से और इस मुद्रा में कहा कि बाबू शिवलाल, मुंशी रहमतउल्ला और मिस्टर जेकब दरवाजे की तरफ बढ़ते-बढ़ते रुक गए। चटर्जी केशवचन्द्र की मेज के सामने तीनों वाउचर लिए हुए खड़ा था। उसने कहा, ''देखें केशव बाबू...क्या बात है ?'' और केशवचन्द्र ने वह काग़ज़ चटर्जी के हाथ में दे दिया।

काग़ज़ पढ़कर चटर्जी चिल्लाया, ''कांग्रेचुलेशन केशो बाबू...हेड क्लर्क बना दिया गया, तनख्वाह पचहत्तर से बढ़कर सौ रुपया महीना...एकबारगी पच्चीस रुपया महीना की तरक्की ! बड़ा किसमतवाला है। केशव बाबू !''

चपरासी वहीं खड़ा था, वह बोला, ''अब तो मुँह मीठा कराइए...आप हमारे बड़े बाबू हो गए।''

केशवचन्द्र की जेब में उस दिन कुल तीन आने पैसे थे। उन्होंने शिवलाल की ओर देखा, ''जरा एक रुपया हो तो दीजिएगा, जल्दी-जल्दी में मैं घर से रुपया लेना ही भूल गया था।''

शिवलाल से रुपया लेकर चपरासी को देते हुए केशवचन्द्र ने चटर्जी से कहा, ''अच्छी बात है, यह वाउचर ठीक तरह से रख लो, कल इन्हें ठीक से देखूँगा।'' और वह चपरासी से बोले, ''मैकू...दफ्तर बन्द कर देना। कल वह बड़े बाबू का केबिन ठीक तरह से साफ कर देना और मेरे सब काग़ज़ वहाँ पहुँचा देना।'' और यह कहकर केशवलाल ने अपने काग़ज़ अलमारी में रखे और अपनी मेज की ड्रॉरें बन्द कीं।

केशवचन्द्र की उन्नति में उनके सहयोगियों की दुर्भावना नहीं थी, क्योंकि केशव उन सबसे पुराना आदमी था और मैनेजर का विश्वास भी उस पर था। चलते हुए शिवलाल ने कहा, ''केशव बाबू...अब तो हम लोगों की एक शानदार दावत हो जानी चाहिए, बस हम चार-पाँच आदमी ही हों।''

चटर्जी हँस पड़ा, ''केशो बाबू...अब नहीं चलेगा तुम्हारा हीला, जे हुआ दूसरा दावत ! अभी लारका होने का दावत नहीं दिया...आजकल में साल-भर टाल दिया।''

और मुंशी रहमतउल्ला ने चटर्जी को डाँटा, ''चुप रहो चटर्जी...लड़के होने की कितनी दावतें खाओगे ? लड़का होने के माने हैं खर्च में इज़ाफा, हाँ प्रमोशन की दावत ज़रूर शानदार होनी चाहिए।''

दफ्तर के सामने ही पान-सिगरेटवाले की दुकान थी। केशव ने सब लोगों को पान खिलाए, जेकब और चटर्जी ने एक-एक सिगरेट भी ली...पाँच पैसे पान के और दो पैसे सिगरेट के; केशव ने सात पैसे खर्च किए, इसके बाद उसने इक्का लिया और घर आया। इक्केवाले के पैसे उसने अपनी पत्नी से माँगकर दिए।

माधुरी को केशव की प्रसन्न-मुद्रा देखकर आश्चर्य हुआ। नित्यप्रति केशव का यह क्रम था कि वह अत्यधिक थका हुआ दफ्तर से आता था, और आरामकुर्सी पर आँख बन्द करके लेटा रहता था। माधुरी जब उसे एक प्याला चाय देती थी तब वह चाय पीकर उठता था और कपड़े बदलकर सुचित्त होता था। लेकिन उस दिन केशव के मुख पर थकावट का कोई चिह्न नहीं था, आते ही उसने कपड़े उतारे और हँसते हुए उसने माधुरी से कहा, ''आज बड़ी मजेदार बात हुई ऑफिस में। बतलाओ क्या हो सकता है ?''

''मैं क्या जानूँ ? अच्छा, मैं अभी चाय लाती हूँ, चाय पीते हुए बतलाना।'' और माधुरी बिना उस अच्छी खबर को जाने ही अन्दर चली गई।

केशव को उस समय अपनी पत्नी पर बड़ी झुँझलाहट हुई, उसे केशव की बातों में कोई दिलचस्पी नहीं। यन्त्र की तरह वह गृहस्थी का काम करती है, घर के बाहर क्या होता है, उसका किसी प्रकार का कौतूहल उसमें नहीं है। उसने फिर आवाज लगाई, ''मोहन ! जरा यहाँ आना, किशन कहाँ है ?''

मोहन अपने कमरे में बैठा पढ़ रहा था। वह केशवचन्द्र का सबसे बड़ा लड़का था, उसी साल उसने सेकंड डिवीजन में बी.ए. पास किया था। मोहन के दोस्तों ने उसे सलाह दी थी कि वह पी.सी.एस. की परीक्षा में बैठ जाए; इंटरमीडिएट में उसे फर्स्ट क्लास मिला था, बी.ए. में वह पाँच नम्बरों से फर्स्ट

डिवीजन पाते-पाते रह गया था। उन दिनों वह दिन-रात घर में बैठा हुआ पढ़ा करता था। उसने अपनी किताब बन्द की और अपने पिता के सामने आया, ''किशन तो हॉकी-मैच खेलने गया है, वहाँ से वह सिनेमा जाएगा। कहिए, क्या काम है ?''

किशन मोहन से दो वर्ष छोटा था और वह उस वर्ष इंटरमीडिएट में फेल हो गया था। किशन का मन पढ़ने-लिखने में तनिक भी न लगता था। वह दिनभर घूमता था, दोस्तों से गप्प लड़ाता था, खेलता-कूदता था और जब भी पैसे मिल जाएँ, सिनेमा देखता था। केशव को किशन की आदतें अच्छी नहीं लगती थीं, लेकिन किशन ज़िद्दी स्वभाव का था, और उसे अपनी माता का समस्त स्नेह प्राप्त था।

मोहन की बात पर केशवचन्द्र ने कोई ध्यान नहीं दिया, उसने फिर पुकारा, ''माया बेटी, क्या कर रही हो ?''

माया की अवस्था लगभग पन्द्रह साल की थी, यद्यपि वह बारह-तेरह साल की दिखती थी। गोरा रंग, सुडौल चेहरा। माया ने फर्स्ट डिवीजन में हाईस्कूल पास किया था और वह इंटरमीडिएट में पढ़ रही थी। माया ने अपने पिता के सामने आकर कहा, ''मुन्ना को चुप करा रही थी। यह कम्मो बड़ी पाजी हो गई, वह मुन्ना को मुँह चिढ़ा रही थी।'' माया के साथ उसकी आठ वर्ष की छोटी बहन कमला भी थी, जो दो वर्ष के बच्चे मुन्ना को गोद में लिए हुए थी। मुन्ना को कमला से अपनी गोद में लेते हुए केशव ने कहा, ''आज तुम सब लोगों को मिठाई खिलाऊँगा...समझे।''

कमला प्रसन्नता से चिल्ला उठी, ''मिठाई...मिठाई। अहा हा...बाबूजी, बहुत दिनों से मिठाई नहीं खाई है ?''

माधुरी चाय लेकर अपने पति के पास आ गई थी, ''क्यों यह मिठाई की क्या बात हो रही है ? कहाँ से रुपया मिल गया है जो मिठाई खिलाई जा रही है, मुझे दो यह रुपया।''

केशव ने मुस्कराते हुए अपनी पत्नी को देखा, ''रुपया मेरे पास कहाँ है, सवा रुपया तो दफ्तर में बाबू शिवलाल से उधार लिया है। रुपया तुम्हें निकालना पड़ेगा।'' फिर कुछ रुककर वह बोला, ''बात यह है कि आज मेरा प्रमोशन हुआ है, मैं दफ्तर में हैड क्लर्क बना दिया गया। पच्चीस रुपया

महीना तनख्वाह में बढ़ गए हैं, एकदम पच्चीस रुपये ?''

इस खबर से माधुरी खिल गई, ''सच ! तुम हैड क्लर्क बन गए और पच्चीस रुपया हर महीने की तरक्की हुई है।'' यह कहकर वह सीधी अपने कमरे में गई। ट्रंक से उसने सवा रुपया निकाला, फिर आकर मोहन से बोली, ''अरे मोहन ! सवा रुपये की मिठाई ले आ, पहले भगवान का भोग लगा लूँ फिर तुम लोग मिठाई खाना।''

उस दिन घर में एक उत्सव-सा था। सारा परिवार कितना प्रसन्न था उसकी उस तरक्की से। केशव को याद है उधर दो साल से वह काफी चिन्तित रहता था। उसका परिवार बढ़ता जा रहा था। मोहन, किशन, माया, कमला और दो साल पहले भुवन हुआ था जिसे सब लोग मुन्ना कहते थे। मोहन बी.ए. पास करके एम.ए. में पढ़ रहा था, उस पर नित्य ही खर्च बढ़ता जा रहा था। मोहन से केशवचन्द्र को बड़ी आशाएँ थीं, जो वह नहीं बन सका वह अपने पुत्र को बनाना चाहता था...यानी एक अफसर। वह यह नहीं चाहता था कि उसका पुत्र मोहन भी क्लर्क बने। अपने छोटे भाई रमेश को देख रहा था, उसका सगा भाई रमेश जिसे पढ़ाने में उसने भी योगदान दिया था, वह रमेश केशव से कतराता है। अपने मित्रों से उसका परिचय नहीं कराता, दिल्ली में रहकर उसने अपने बड़े भाई से अपना सम्पर्क ही तोड़ लिया है। और वह सुरेश, निकम्मा और आवारा जो पुलिस की नज़रों पर चढ़ा था, उस सुरेश का परिचय अपने मित्रों के साथ रमेश बड़े गर्व के साथ कराता था, यद्यपि अपने घर में उसे स्थान देने के लिए तैयार नहीं था। सुरेश भी सामाजिक दृष्टि से ऊँचा था।

केशव के पिता उसे आगे नहीं पढ़ा सके। उनको तनख्वाह कम मिलती थी, फिर यह खर्चीले भी थे। रमेश भी अधिक न पढ़ पाता यदि केशव को नौकरी न मिल गई होती। अपने पिता की असमर्थता के फलस्वरूप वह आगे नहीं पढ़ सका। लेकिन वह अपने लड़कों को आगे बढ़ाना चाहता था, बड़ी मितव्यता के साथ रहता था, सादे कपड़े वह पहनता था, किसी तरह का शौक नहीं था उसे। लेकिन चीज़ों के भाव बढ़ते जा रहे थे, उसका परिवार बढ़ता जा रहा था। बच्चों को पौष्टिक भोजन देने में वह असमर्थ था और स्वभावतः भुवन के जन्म के बाद वह चिन्तित रहने लगा था।

और एकबारगी ही पच्चीस रुपये महीने की तरक्की से उसकी तात्कालिक समस्या हल हो गई। अब वह बड़ी आसानी से अपने बच्चों का भरण-पोषण कर सकेगा। वह केवल इतना ही जानता था, परिवार को चलाना, परिवार को चलाने के लिए मेहनत करना और रुपये पैदा करना। यही भाग्य से उसे मिला था...और उस पर व्यक्तिगत रूप से उसे सन्तोष करना था।

इस घटना के शायद पन्द्रह दिन बाद ही दूसरी महत्त्वपूर्ण घटना घटित हुई थी। फरवरी का महीना थाμउसे कुछ-कुछ याद पड़ रहा था। दफ्तर से लौटने के बाद चाय-वाय पीकर वह घूमने निकल जाया करता था...कभी किसी दोस्त मुलाकाती के यहाँ, कभी किसी दूसरे के यहाँ। इधर कई वर्षों से उसका यही कार्यक्रम था। उस दिन वह पाँच-साढ़े पाँच बजे शाम के समय घर से निकलनेवाला ही था कि किसी ने दरवाजे पर आवाज दी, ''बाबू केशवचन्द्र साहब, अजी बाबू साहब !''

उस समय वह अपनी बैठक में था। बैठक सड़क से लगी हुई थी, उसने उठकर दरवाजा खोला। सामने बाबू मिट्ठनलाल एक अधेड़ व्यक्ति के साथ खड़े थे। केशव ने कहा, ''अरे बाबू मिट्ठनलाल ! आइए-आइए ! बहुत दिनों बाद आपके दर्शन हुए। बड़े वक्त से आ गए, वरना अगर दस-पाँच मिनट की भी देर हो गई होती तो मैं घर में न मिलता। तशरीफ रखिए।'' और उसने अन्दर आवाज दी, ''ज़रा पान तो भेजना।''

बाबू मिट्ठनलाल केशव की ही बिरादरी के आदमी थे, केशव से शायद तीन-चार साल बड़े। कानपुर के सबसे प्रमुख वकील के मुहर्रिर थे, और अपनी बिरादरी के प्रमुख व्यक्तियों में उनकी गणना होती थी। बाबू मिट्ठनलाल ने कहा, ''आपसे अपने इन मेहरबान मेहमान का परिचय करा दूँ...आप बाबू बिहारी लाल हैं। खैराबाद में मुंसरिम... मेरे अज़ीज़ हैं। आपको सुनकर दौड़े आए हैं। मैंने इनसे कहा कि केशव बाबू अपने ही आदमी हैं।''

केशव बिहारी लाल की ओर घूमा, ''बड़ी खुशी हुई आपका नयाज़ हासिल करके। कहिए यह नाचीज़ क्या खिदमत कर सकता है आपकी ?''

''अजी...खादिम तो मुझे समझिए आप ?'' बाबू बिहारी लाल ने गला साफ करते हुए कहा, ''जी, बात यों है कि मेरी एक लड़की है...सयानी हो

गई तो उसके लिए वर की तलाश में हूँ। बाबू मिट्ठनलाल ने बतलाया कि आपका एक लड़का है जिसकी शादी की बात अभी तक कहीं तय नहीं हुई है।''

''जी हाँ, बात तो कई जगहों से आई, लेकिन अभी तय कहीं नहीं हुई है। इस साल डिप्टी कलक्टरी के इम्तहान में बैठ रहा है, वैसे वकालत पढ़ रहा है।''

बाबू मिट्ठनलाल ने अब इस बातचीत में योगदान देना अपना कर्तव्य समझा, ''अजी हमारे केशव बाबू जैसे नेक व सीधे आदमी हैं, वैसा ही वह लड़का भी है। आला खानदान, इज़्ज़तवाले आदमी ! लड़का तरक्की करेगा... यह तय है।'' और फिर वह केशव की ओर घूमे, ''बाबू केशवचन्द्र साहब ! लड़की बड़ी खूबसूरत है। क्या नाक- नक्शा पाया है उसने। रंग भी खुलता हुआ है, घर का काम-काज करने में तो बस एक ही समझिए। और बाबू बिहारीलाल के खानदान का क्या कहना। दहेज भी पाँच हज़ार रुपया नकद देंगे।''

दहेज़ की रकम काफी थी, केशव ने ज़रा हिचकिचाते हुए कहा, ''अजी दहेज़ की भी ऐसी क्या बात ! लेकिन शादी-ब्याह का मामला है, सोच-समझकर इस मामले में राय कायम करनी चाहिए। ठीक है, मैं गौर करूँगा इस पर। फिर लड़का भी तो अभी पढ़ रहा है, अभी ऐसी जल्दी क्या ?''

मिट्ठनलाल समझ गए कि केशवचन्द्र दहेज़ की बात सुनकर कुछ नरम पड़े हैं। उन्होंने कहा, ''जी आपको जल्दी नहीं है, लेकिन भाई इन्हें तो जल्दी है। लड़की की उम्र अब सत्रह साल की हो गई है, जवान लड़की को कब तक घर पर बैठाए रहेंगे... उसके हाथ तो इन्हें इसी साल पीले करने हैं। फिर बहू के घर में आ जाने से आपकी घरवाली का हाथ बँटानेवाला भी तो कोई हो जाएगा। बहू घर की रौनक होती है, हीले-हवाले की कोई गुंजाइश नहीं है।''

इसी समय मोहन पान लेकर अन्दर से निकला। पान की तश्तरी उसके दाहिने हाथ में थी। बाएँ हाथ में दो किताबें थीं। उसने पान की तश्तरी अपने पिता को देते हुए कहा, ''यह पान लीजिए। और कोई काम तो नहीं है ? मैं ज़रा लाइब्रेरी जा रहा हूँ।''

''हाँ...हाँ ! जाओ लेकिन जल्दी आ जाना।'' केशवचन्द्र ने पान की तश्तरी हाथ में लेते हुए कहा। मोहन चुपचाप कमरे के बाहर चला गया। उसके जाने के बाद केशवचन्द्र ने उन लोगों को पान देते हुए कहा, ''जी यह लड़का है। बड़ा तेज़ है पढ़ने में...बस सिवा पढ़ने के इसे किसी किस्म का शौक नहीं है।''

बिहारीलाल को लड़का पसन्द आ गया। कुछ लम्बा-सा कद, नाक-नक्शा अच्छा, रंग साफ...थोड़ा-सा दुबला अवश्य था, उन्होंने कहा, ''जी हाँ, ऊँचा ओहदा पाने के लिए मेहनत भी करनी पड़ती है।''

मिट्ठनलाल को बीच में कुछ-न-कुछ बात कहनी ही थी, ''इसमें क्या शक है ! लेकिन केशव बाबू...इसकी तन्दुरुस्ती का ज़रूर ध्यान रखना चाहिए।''

केशवचन्द्र को मिट्ठनलाल की यह बात अच्छी नहीं लगी, ''जी, इसकी 'बॉडी' ही ऐसी है, बचपन में भी तो ऐसा दुबला-पतला था। फिर इन दिनों मेहनत भी बेतहाशा कर रहा है।''

बिहारीलाल ने अब अपनी बात कही, ''आप बड़े खुशनसीब हैं ऐसा सुशील, नेक लड़का पाकर ! तो मेरी अर्ज़ यह है कि मेरी लड़की को आप मंजूर करें। मैं लड़की को यहाँ कानपुर अपने साथ लेता आया हूँ, आपकी घरवाली उसे देखकर इत्मीनान कर लें। लेकिन मैं उसकी शादी तै करके ही यहाँ से जाना चाहता हूँ।''

इधर कुछ दिनों से माधुरी केशव से इस बात पर जोर दे रही थी कि मोहन की शादी तै कर दी जाए। माधुरी अकेली घर का काम-काज करते-करते थक जाती थी, परिवार बढ़ता ही जा रहा था और वह चाहती थी कि घर में कोई उसका हाथ बँटानेवाला आ जाए। मुसीबत यह थी कि कोई ऐसा प्रस्ताव केशव के सामने अभी तक नहीं आया था जिस पर उसे सन्तोष होता। फिर जैसी दुनिया की रफ्तार थी, वह जानता था कि मोहन पढ़ी-लिखी लड़की ही पसन्द करेगा।

केशव ने कहा, ''देखिए बिहारी बाबू, बुरा न मानिएगा, ज़माना बदल गया है। वैसे तो लड़की का इत्मीनान लड़के की माँ कर लेगी, लेकिन एक बात की तसल्ली मैं भी कर लेना चाहता हूँ। लड़की कुछ पढ़ी-लिखी है न ?''

बिहारी बाबू हँस पड़े, ''जी, तो क्या आपने मुझे ज़माने से पिछड़ा हुआ समझ लिया है ? लड़की ने परसाल इंटरमीडिएट पास किया है और अब वह घर में ही बी.ए. की तैयारी कर रही है। आप लोग चाहिएगा तो उसे बी.ए. पास करवा दीजिएगा। बड़ी ज़हीन और मेहनती है। ऐसी सुशील लड़की आपको ढूँढ़े न मिलेगी। आज या कल, जब आप लोग चाहें, आपकी घरवाली बाबू मिट्ठनलाल के यहाँ लड़की को देख सकती हैं। क्यों भाई साहब !'' बाबू मिट्ठनलाल की ओर देखते हुए उन्होंने कहा, ''मैं गलत तो नहीं कहता।''

बड़े उत्साह के साथ बाबू मिट्ठनलाल ने जवाब दिया, ''अजी शुभ काम में देर की क्या बात ? आप मियाँ-बीवी कल सुबह मेरे गरीबखाने पर चाय पीजिए, वहीं लड़की देखकर इत्मीनान कर लीजिएगा।'' और फिर हँसते हुए उन्होंने कहा, ''वरिच्छा की रस्म भी वहीं हो जाएगी। तैयार होकर आइएगा।''

उसके दूसरे दिन माधुरी को साथ लेकर केशव बाबू मिट्ठनलाल के घर गया। माधुरी को लड़की बहुत पसन्द आई। चाय पीने के बाद माधुरी ने अपने गले की माला लड़की को पहना दी। बाबू मिट्ठनलाल की पत्नी ने मिट्ठनलाल को बुलाकर उन्हें खबर दी कि केशवचन्द्र की घरवाली ने लड़की को पसन्द कर लिया है। बाबू मिट्ठनलाल ने यह समाचार केशवचन्द्र और बिहारीलाल को सुनाया। उसी समय बाबू बिहारीलाल ने अपने ट्रंक से एक चाँदी का कटोरा निकाला, उस कटोरे में चावल और चार सौ एक रुपये रखकर उन्होंने केशवचन्द्र को दिए...पाँच रुपये नज़र के ऊपर से। मोहन का विवाह तै हो गया।

बाबू मिट्ठनलाल के यहाँ से लौटकर माधुरी ने मोहन को बताया कि उसका विवाह तै हो गया है। एक पुलक-सा अनुभव किया मोहन ने। उसने केवल इतना पूछा, ''लड़की को अच्छी तरह देख लिया है, माँ !''

''अरे हाँ बेटा...लाखों में एक है ! भगवान ने यह दिन तो दिखलाया कि बहू का मुँह देखूँ।''

मोहन ने कोई दूसरा प्रश्न नहीं किया, वह चुपचाप अपनी पुस्तकों में उलझ गया। एल-एल.बी. के प्रथम वर्ष की परीक्षा देनी थी उसे। अप्रैल के

अन्त में और अगस्त में उसे पी.सी.एस. परीक्षा में बैठना था।

मोहन का विवाह हो गया। उसे दहेज में पाँच हज़ार रुपया मिला था। जिस मकान में केशव किराए पर रहता था वह बिकाऊ था। छह हज़ार रुपये में केशव ने वह मकान खरीद लिया...कुछ रुपया दहेज का और कुछ रुपया कर्ज़ लेकर। कितना भाग्यवान समझा था केशव ने अपने को ! मोहन की पत्नी वास्तव में कुल-लक्ष्मी थी। घर में आते ही उसने घर का काम सँभाल लिया। केशव को अपनी बहू पर गर्व था।

6

केशव सोच रहा है कि उसने तब जो कुछ किया क्या वह ठीक था ? अगर उसने उस गर्मी में मोहन का विवाह न किया होता तो बहुत सम्भव है कि मोहन पी.सी.एस. में आ गया होता। केशव उस मकान को न खरीद पाता, यह भी सच है। और मोहन पी.सी.एस. में आ गया होता, यह निश्चित नहीं है; मोहन अत्यधिक सीधा, अत्यधिक विनयी, अत्यधिक ईमानदार है; मोहन जैसे आदमी जीवन में बहुत कम सफल हुआ करते हैं। विवाह में उसके घर कुल सात-आठ दिन ही तो चहल-पहल रही थी, और पी.सी.एस. के परीक्षाफल में मोहन का नाम अड़तालीसवाँ आया था। लिए गए कुल छह आदमी ! दस-बारह दिन और अधिक पढ़कर उसका नाम पच्चीसवाँ या तीसवाँ आ गया होता।

मोहन ने एल-एल.बी. पास कर लिया, लेकिन उसकी वकालत नहीं चली। मोहन, जिसे हम चलता-पुरज़ा कहते हैं, वह कहीं से भी न था। वह खुद ऊब गया था। वकालत से महीने में पच्चीस-तीस रुपये मिल पाते थे, बड़ी मुश्किल से। इससे अच्छा तो यह होता कि मोहन कोई नौकरी ही कर ले, क्लर्क की ही नौकरी सही। पर केशव का मन इसकी गवाही न देता था।

और एक दिन केशव के मैनेजर मिस्टर साहनी ने केशव को बुला भेजा। उन्होंने केशव से पूछा, ''बड़े बाबू, आपका बड़ा लड़का क्या कर रहा है आजकल ?''

''वकालत कर रहा है हुजूर, लेकिन वकालत की हालत तो जानते ही

हैं आप। सोच रहा हूँ, कहीं कोई अच्छी नौकरी मिल जाती तो ठीक था, लेकिन अच्छी नौकरी मिलती कहाँ है ?''

मिस्टर साहनी ने कहा, ''इंडियन एक्सपोर्ट के मैनेजर मिस्टर मिश्रा को एक असिस्टेंट मैनेजर की ज़रूरत है। उनके हेड-ऑफिस ने कानपुर में अपना काम कुछ और अधिक फैलाना तै किया है। तीस-चालीस आदमी ले रहे हैं। आपका लड़का वकील है, एल-एल.बी. की क्वालिफिकेशन चाहते हैं वह। मैं उनके नाम चिट्ठी लिखे देता हूँ, वह मिस्टर मिश्रा से मिल ले।''

केशव ने मोहन को वह चिट्ठी देकर मिस्टर मिश्रा के पास भेजा था। मिस्टर मिश्रा ने मोहन को एक सौ बीस रुपये महीने पर रख ही लिया। मिस्टर मिश्रा ने यह स्पष्ट कर दिया था, ''देखिए मिस्टर मोहनचन्द्र, यह जगह टेम्परेरी है...यह मैं पहले ही बतला दूँ; लेकिन दो-तीन साल में परमानेंट हो जाएगी।''

और मोहन को क्लर्क नहीं बनना पड़ा, वह असिस्टेंट मैनेजर हो गया। लेकिन नाम जो भी दे दिया जाए, काम तो वही था जो क्लर्क का हुआ करता है। केशव चाहता था कि छोटे भाई रमेश की तरह मोहन भी सरकारी अफसर बन जाए; लेकिन यह न हो सका। बड़ी-बड़ी प्रतियोगिता थी हर तरफ...हरेक आदमी ऊपर उठने की कोशिश कर रहा था। पर मोहन को इससे असन्तोष न था। वकालत में जो संघर्ष करना पड़ता था उसे, उससे तो छुट्टी मिली।

मोहन की पत्नी का नाम सुशीला है।...केशव जानता है सुशीला परदा नहीं करती, लेकिन केशव को इससे शिकायत नहीं। दिन-रात घर का काम-काज करनेवाली स्त्री परदा कर ही कैसे सकती है। घर में केवल एक महरी है...बाकी घर का काम-काज माधुरी और सुशीला मिलकर कर लेती हैं। नौकर मिल सकता है लेकिन पिता-पुत्र की आय, मकान खरीदने के लिए जो कर्ज़ा लिया गया था, उसे चुकाने में ही निकल जाती थी। फिर भी गृहस्थी बड़े मज़े से चल रही थी, कहीं किसी तरह का अभाव नहीं।

केशवचन्द्र को चिन्ता थी किशन की। दो साल इंटरमीडिएट में फेल हुआ...उसके बाद बी.ए. में आया; और बी.ए. में भी एक साल फेल हो चुका है। बाईस साल की उम्र हो गई है किशन की। उसके स्कूल, कॉलेज के साथी पढ़ाई समाप्त करके अच्छी-अच्छी जगह लग चुके हैं, लेकिन किशन को जैसे

इस सबकी चिन्ता नहीं है।

किशन शानदार कपड़े पहनता है, ठाठ से घूमता है, सिनेमा देखता है, सिगरेट पीता है। किशन देखने में सुन्दर है, लम्बा-सा सुडौल युवक, हृष्ट-पुष्ट; लेकिन बड़ी गैर-ज़िम्मेदारी और निश्चिन्तता से भरी हुई ज़िन्दगी। कल क्या होगा, इसकी किशन को चिन्ता नहीं। जो कुछ सामने है वही जीवन है, और उसमें अधिक-से-अधिक रस लिया जाए, यह है उसका सिद्धान्त।

उस साल वह बी.ए. में दूसरी बार बैठा था। केशव को उसने बताया था कि इस बार अगर उसे फर्स्ट क्लास नहीं मिला तो सैकंड क्लास अवश्य ही मिल जाएगा। उसके छोटे चाचा सुरेश बम्बई में ही रहते थे। मोहन के विवाह के अवसर पर सुरेश भी आया था। चाचा-भतीजे में बहुत जल्दी दोस्ती हो गई। सुरेश के जाने के बाद किशन से सुरेश का पत्र-व्यवहार चलता रहा। बी.ए. की परीक्षा देने के बाद किशन माधुरी के पास गया, ''छोटे चाचाजी ने मुझे बम्बई बुलाया है अम्मा...तो मैं बम्बई जा रहा हूँ।'' उसने कहा।

किशन माधुरी का लाडला था, शायद इसलिए कि किशन की हरकतों से केशव उससे बेहद नाराज़ था। मोहन भी किशन को समझाया करता था कि वह ठीक तरह से रहे, मेहनत करके पढ़े, और इस समझाने का जब कोई परिणाम नहीं निकलता था तब मोहन किशन को डाँट देता था। और इसलिए माता होने के कारण माधुरी का किशन पर होनेवाला प्रेम अधिक मुखर हो उठता था। एकमात्र वही तो थी उस घर में किशन का पक्ष लेनेवाली। और धीरे-धीरे किशन के प्रति पक्षपात उसके जीवन का अंग ही बन गया था।

माधुरी ने कहा, ''अपने बाबूजी से पूछो जाकर। वह कहें तो चले जाओ।''

मुँह बनाते हुए किशन ने कहा था, ''बाबूजी भला मुझे जाने देंगे...नहीं, उनके कान तक खबर न पहुँचनी चाहिए नहीं तो वह मुझे किसी हालत में न जाने देंगे। मेरे जाने के बाद तुम बाबूजी को बतला देना।''

''लेकिन रुपया कहाँ है जो तू बम्बई जाएगा ?'' माधुरी ने पूछा।

''वह तुम दोगी।'' किशन ने मचलते हुए कहा, ''अरे कुल सोलह रुपये तो किराया है...सोलह दूनी बत्तीस, और आठ रुपये ऊपर के। बाकी ठहरूँगा वहाँ सुरेश चाचा के यहाँ, घूमूँ-फिरूँगा उनके मत्थे।''

माधुरी ने पूछा, ''और बम्बई से लौटेगा कब ?''

''अरे बस एक महीने बाद। एम.ए. भी तो ज्वाइन करना है आकर। मेरी अच्छी अम्मा, आज शुक्रवार है, बुध के दिन जाऊँगा। लेकिन घर में किसी को खबर न होने पावे।''

किशन बम्बई जा रहा है, माधुरी और सुशीला को छोड़कर किसी को इसका पता न था। सुशीला को पता था इसलिए कि किशन ने सुशीला को स्वयं बतलाया था। मंगल की शाम को उसने सुशीला से बात की, ''भौजी, कल मैं सुबह बम्बई जा रहा हूँ।''

''वाह लालाजी, कल बम्बई जा रहे हो, हम लोगों को इसका पता तक नहीं !'' सुशीला ने कहा।

''अगर आप लोगों को बतलाया होता तो घर में हंगामा न मच जाता ! सुनो भौजी, इस साल भी मैंने बी.ए. के परचे अच्छे नहीं किए हैं, अगर पास हो गया तो थर्ड डिवीज़न ही मिलेगा। मैं बम्बई जा रहा हूँ काम-काज की तलाश में। सुरेश चाचा तो हैं ही वहाँ।''

''तो क्या वहाँ जाते ही काम मिल जाएगा, लालाजी ? तुम्हारे चाचा की भी हालत तो अच्छी नहीं है !''

''हाँ भौजी, जरूर मिल जाएगा। मैं फिल्मों में काम करूँगा जाकर... लेकिन भौजी अभी घर में किसी से न कहना कि मैं क्यों जा रहा हूँ ? माताजी से मैंने यही कहा है कि मैं बम्बई घूमने-फिरने जा रहा हूँ। क्यों भौजी, मैं फिल्मों में हीरो बन सकता हूँ ?''

सुशीला मुस्कराई, ''क्यों नहीं, लालाजी...तुम तो यहीं के हीरो हो। और अगर हीरो न सही तो विलेन तो बड़ी आसानी से बन सकोगे...सब गुण मौजूद हैं तुममें हीरो के, विलेन के।'' और सुशीला जोर से हँस पड़ी।

''एक काम था भौजी...'' किशन ने हिचकिचाते हुए कहा।

''रुपया चाहिए, लालाजी ? लेकिन मेरे पास अब रुपये नहीं रहे। नहीं तो मैंने भला कभी तुमसे इनकार किया है !''

बड़ी दयनीय मुद्रा बनाते हुए किशन ने कहा, ''महीना-दो-महीना तो लग ही जाएगा काम ढूँढ़ने में...कम-से-कम सौ रुपये तो पास में होने चाहिए। अब तुम्हारा ही एक सहारा है भौजी। बाबूजी को तो जानती ही हो, और

मोहन भइया से कहने की हिम्मत नहीं पड़ती।''

सुशीला थोड़ी देर तक सोचती रही, फिर वह उठी। उसने अपना ट्रंक खोला, दस रुपये के आठ नोट थे। अस्सी रुपये किशन के हाथ में देते हुए उसने कहा, ''तुम्हारे भइया ने यह अस्सी रुपये रखवाए हैं। एक मोटर साइकिल खरीदना चाहते हैं। उसमें चार-पाँच सौ लगेंगे, एक साल और लग जाएगा पूरा रुपया जमा करने में। तुम यह ले जाओ, चार-पाँच महीने के अन्दर यह रुपया भेज देना, मैं अपनी जिम्मेदारी पर यह रुपया तुम्हें दे रही हूँ।''

किशन ने कहा, ''भौजी, मैं कसम खाकर कहता हूँ कि रुपया हाथ में आते ही सबसे पहले मैं तुम्हें यह रुपया वापस करूँगा। भगवान ने चाहा तो सौ-दो-सौ रुपया ऊपर से भेजूँगा, जिससे मोहन भइया जल्दी ही मोटरसाइकिल खरीद लें।''

''लाला, यही रुपया भेज देना तो मैं अपने को धन्य समझूँगी। हाँ अपनी राजी-खुशी की खबर जरूर देते रहना...और किस पिक्चर में हीरो बनोगे वह लिखना, उसे मैं जरूर देखूँगी।''

केशव को याद है कि उस दिन जब वह अपने ऑफिस गया था तब उसे इस बात का तनिक भी अनुमान नहीं था कि किशन ग्यारह बजे की गाड़ी से बम्बई जा रहा है। शाम को जब वह ऑफिस से लौटा तब माधुरी ने उसे बताया कि किशन एक महीने के लिए बम्बई गया है।

केशव ने बिगड़ते हुए पूछा, ''मुझे क्यों नहीं बताया तुम लोगों ने ?''

''तुमसे वह कितना डरता है...तुमसे बात करने की तो उसे हिम्मत ही नहीं होती। सुरेश ने उसे बुलाया था...मैंने भी सोचा कि छुट्टियाँ हैं, उसका मन ही बहल जाए वहाँ पर। वहाँ से लौटकर वह एम.ए. में पढ़ना चाहता है, तो उसमें लग जाएगा।''

केशवचन्द्र ने बात आगे नहीं बढ़ाई। उन्होंने अपने जीवन में अनुभव किया था कि बहुत-सी बातें ऐसी होती हैं जिन पर मनुष्य का बस नहीं चलता। किशन के सम्बन्ध में जितनी भी बातें थीं वे सब इसी कोटि में आती हैं। हाँ, वह इतना अवश्य अनुभव कर रहे थे कि किशन को उनसे बताकर ही बम्बई जाना चाहिए था। वह उसे जबर्दस्ती रोक तो नहीं सकते थे...

किशन के साथ कभी भी किसी प्रकार की जोर-जबर्दस्ती नहीं चली है।

एक बार केशव के मन में आया कि कहीं किशन के परचे इस बार तो खराब नहीं हुए हैं ! पढ़ने में उसका मन नहीं लगता...केशव को इस बात का पता था। लेकिन भविष्य में किशन करेगा क्या ? इस बात की भी उन्हें चिन्ता थी। अगर बम्बई में ही उसे कोई काम-काज मिल जाए तो अच्छा है। और इसलिए किशन के इस प्रकार चले जाने से जो उनके मन में भारीपन आता वह नहीं आया। सब कुछ विधि के हाथ में है।

और मोहन को जब यह खबर मिली तब वह मुस्कराया। किशन के लिए कानपुर में कोई भविष्य नहीं था...मोहन यह जानता था। घर पर वह भार बनकर ही रहेगा। वह बम्बई चला गया, उसने अच्छा किया। वह जानता था कि किशन उस साल भी बी.ए. में फेल हो जाएगा, वह बी.ए. पास कर सकेगा, इस पर उसे शक था। उसे केवल तीस-चालीस रुपये महीने की ही क्लर्की मिल सकती थी। बम्बई बड़ा नगर है, न जाने कितने कारोबार हैं वहाँ पर। जीवन के संघर्ष का वह केन्द्र है, बहुत सम्भव है वहाँ कुछ बात बन जाए।

किशन की बम्बई से चिट्ठी आई...बड़ी उमंग और उत्साह से भरा हुआ पत्र था वह। बम्बई वह सकुशल पहुँच गया था...सुरेश के साथ ठहरा था। सुरेश ने उसे आश्वासन दिया था कि बी.ए. का रिजल्ट आ जाने पर वह वहीं अच्छी जगह उसकी नौकरी लगवा देगा। सुरेश बम्बई में मज़दूरों का नेता था, बड़ा प्रभाव था उसका। यह खबर उसने अपने माता-पिता को दी थी, लेकिन सुशीला को पत्र में उसने दूसरी ही कहानी लिखी थी। फिल्म कम्पनियों में वह घूम रहा था, हीरो और हीरोइनों का वह परिचय प्राप्त कर रहा था। फिल्म के क्षेत्र में प्रवेश करने के लिए ठाट-बाट की ज़रूरत हुआ करती है...उसके पास जो पैसा था वह ठाट-बाट बनाने में खर्च हो गया। लेकिन अब उसकी पैठ बड़ी-बड़ी जगह हो गई है, आदि-आदि।

जून के प्रथम सप्ताह में बी.ए. का रिजल्ट आ गया। केशव उस समय अपने ऑफिस में ही था। उस दिन का अखबार देते हुए बाबू शिवलाल ने कहा था, ‘‘मालूम होता है इस साल भी आपका लड़का किशन रह गया बड़े बाबू...मेरा लड़का रामलाल तो पास हो गया है, जबकि थर्ड डिवीजन मिला

है उसे।''

केशवचन्द्र ने अखबार हाथ में लिया। बड़े गौर से उन्होंने रिजल्ट देखा। किशन का नाम नहीं था। तो इस बार भी किशन फेल हो गया ! मोहन ने ठीक ही कहा था कि किशन के परचे बिगड़ गए हैं और किशन यह कहकर सरासर झूठ बोला था कि इस बार वह शर्तिया पास हो ही जाएगा। किशन ने उन्हें साफ धोखा दिया था।

शाम को जब केशव घर लौटा, तो उसका मिजाज़ गर्म था। आते ही उसने अपनी पत्नी को आवाज़ दी, ''माधो ! सुनो, ज़रा इधर तो आना !''

माधुरी रसोई में थी, जल्दी में आकर उसने कहा, ''क्या बात है, मुँह क्यों इतना उतरा हुआ है, क्या बात है ?''

केशव ने झुँझलाहट के स्वर में कहा, ''छोटे साहबज़ादे की करतूत सुनी ? इस दफे भी बी.ए. में फेल हो गए। आज बी.ए. का रिजल्ट आ गया है। मुझसे झूठ बोला था कि परचे बड़े अच्छे हुए हैं।''

माधुरी बोली, ''हाय राम ! इस दफा भी फेल हो गया...इस दफा तो बड़ी मेहनत की थी बेचारे ने...दिन-रात पढ़ता ही रहता था। नाश हो इन इम्तिहान लेनेवालों का, बड़े बेईमान हैं।''

केशव उबल पड़ा, ''वे बेईमान नहीं हैं, बेईमान, झूठा और आवारा है यह लौंडा ! कुल में कलंक बनकर पैदा हुआ है। इधर हम लोग पिस रहे हैं और उधर वह बम्बई में गुलछर्रे उड़ा रहा है। आज ही उसकी चिट्ठी आई है, पचास रुपये मँगाए हैं। लिखा है कि बम्बई में किसी ने उसकी जेब काट ली है, घर लौटने के लिए पैसा नहीं है पास में। सुरेश भी फाकेमस्त है।''

माधुरी किशन के फेल होने की बात भूल गई, ''क्या कहा...किसी ने उसकी जेब काट ली ? मैं कहती हूँ कि यह बम्बई चोरों और गिरहकटों का शहर है। बड़ी मुश्किल में फँस गया है बेचारा ! तो रुपये भेज दिए ?''

''रुपये कहाँ से भेजूँ...अभी पिछले महीने ही तो उसने पचास रुपये मँगवाए थे।'' केशव ने कहा।

रुआँसी होकर माधुरी ने कहा, ''सो तो ठीक है, लेकिन नाश हो इन गिरहकटों का। बड़ी मुसीबत में पड़ा होगा। अपना ही लड़का है, कोई गैर थोड़े ही है। रुपयों का कुछ-न-कुछ इन्तज़ाम तो करना ही होगा।''

''मेरे पास तो हैं नहीं'', केशव ने कहा, ''मोहन से पूछना, अगर उसके पास कुछ हों तो उसे भिजवा देना। और यह लिखवा देना कि आगे अब एक भी पैसे की आशा वह न करे।''

माधुरी सिर झुकाए चुपचाप चली गई। सुशीला से उसने कहा, ''बहू, आज किशन की चिट्ठी आई है इनके पास। बड़ी मुसीबत में पड़ गया है बेचारा। बड़ा अभागा है, क्या बताऊँ।''

सुशीला ने पूछा, ''क्या बात है, अम्माजी, खैरियत से तो हैं किशन लाला, तबीयत तो ठीक है ?''

''हाँ, तबीयत तो ठीक ही होगी, लेकिन किसी दईमारे ने उसकी जेब काट ली। इतना बड़ा शहर बम्बई और बेसहारा भटक रहा है। पचास रुपये मँगाए हैं, घर लौटने के लिए एक पैसा नहीं है उसके पास। तार से रुपया मँगाया है।''

सुशीला ने अपनी मुस्कराहट दबाते हुए कहा, ''यह तो बहुत बुरा हुआ अम्माजी ! बड़ी तकलीफ में होंगे किशन लाला। चाचाजी तो हैं ही वहाँ।''

''अरे छोड़ो भी सुरेश की बात। पहले अपने ही खाने-पीने का इन्तज़ाम कर ले तब किशन की मदद करेगा। उसे आज शाम को ही तार से रुपया भिजवाना है। उनके पास तो हैं नहीं, अगर तुम्हारे पास हो तो पचास रुपये दे दो।''

सुशीला ने उत्तर दिया, ''अम्माजी, मेरे पास तो कुल पन्द्रह-बीस रुपये होंगे। जाते समय किशन लालाजी जो कुछ मेरे पास था वह सब मुझसे माँगकर ले गए थे।''

माधुरी चौंक-सी पड़ी, ''तुमसे रुपये ले गया था ? कितने रुपये ?''

''अस्सी रुपये...उतना ही मेरे पास था। उन्होंने मोटर साइकिल के लिए वह रुपया बचा-बचाकर जमा किया था। लेकिन किशन लाला से भला मैं कैसे इनकार करती...एक लम्बे अरसे के लिए बम्बई जा रहे थे।''

''मोहन को तो नहीं बतलाया है बहू...अरे बड़ा गजब किया इसने !''

''नहीं, अभी तो नहीं बताया है, लेकिन कभी-न-कभी तो उन्हें बताना ही पड़ेगा। अगर किसी दिन रुपया माँग बैठे तो मैं क्या जवाब दूँगी ?''

माधुरी ने कहा, ''अभी मोहन को मत बताना बहू ! हे भगवान, इतना अज्ञानी निकला...अभागा कहीं का। तुमने सुना, आज वे बहुत नाराज़ हैं, रिजल्ट आया है बी.ए. का। इस साल भी वह बी.ए. में फेल हो गया।''

''इस साल भी फेल हो गए ? तो यह ठीक ही कहते थे। पढ़ते-लिखते तो पास होते। इन्होंने समझाया-बुझाया, मैंने इतना समझाया-बुझाया, लेकिन किशन लाला को तो एक्टर बनने की धुन सवार थी...हम लोगों की बात सुनते कहाँ थे। इसीलिए तो वह बम्बई गए हैं।''

माधुरी को जैसे अपने कानों पर विश्वास नहीं हो रहा था, ''यह क्या सुन रही हूँ बहू, किशन एक्टर बनने गया है बम्बई ! हाय राम...उस दगाबाज़ ने मुझे यह बात कभी बताई ही नहीं। और तुमने भी नहीं बताई यह बात !''

सुशीला ने अपनी सास से बात-बात में अपने देवर की आदतों का संकेत तो किया था, लेकिन माधुरी को अपने पुत्र की शिकायत सुनने से चिढ़ थी और उसने सुशीला को झिड़क दिया था। सुशीला ने कहा, ''एक-आध दफे इशारे-इशारे में कहा तो था मैंने, लेकिन आप बिगड़ने लगीं तो मैं चुप हो गई।''

उसी समय माया ने घर में प्रवेश किया। वह पड़ोस में रानी के घर गई थी...कॉलेजों की छात्राओं का एक संघ था जिसकी माया और रानी प्रमुख सदस्याएँ थीं। गरमी की छुट्टियों में जब पढ़ाई-लिखाई से छात्राओं को फुर्सत मिल गई तो इस छात्रा-संघ ने जोर पकड़ा। इस संघ की छात्राओं ने एक नाटक करने की योजना बनाई और उसी दिन वह नाटक होनेवाला था। माया उस साल बी.ए. फर्स्ट इयर पास करके दूसरे साल में आ गई थी। वह उस समय एक नए डिज़ाइन की साड़ी पहने हुए थी जो उस पर बड़ी सुन्दर लगती थी। माया कपड़ों की बड़ी शौकीन थी, लेकिन घर में अभाव की स्थिति के कारण वह अपना शौक पूरा न कर पाती थी। माया ने आते ही सुशीला से कहा, ''भौजी...ज़रा देखो तो कितनी अच्छी साड़ी है।''

सुशीला ने माया को सिर से पैर तक देखा, ''अरे वाह माया बीबी, बड़ा सुन्दर डिज़ाइन है ! कहाँ से ली ?''

''मैंने नहीं ली है, रानी ने ली है तो मैं पहन आई हूँ। आज छात्रा-संघ

का ड्रामा है न कॉलेज में। यह डिज़ाइन मुझे बड़ा पसन्द आया। रानी से मैंने कह दिया कि अगर अम्मा इसे खरीदने पर राजी हो जाएँ तो मैं इसके दाम देकर अपने पास रख लूँगी।'' यह कहकर उसने अपनी माता की ओर देखा।

''अभी महीना-भर भी नहीं हुआ जब दो साड़ियाँ ले दी थीं तुम्हारे वास्ते। रानी को ही वापस कर देना यह साड़ी...जब पैसे होंगे तब इससे अच्छे डिज़ाइन की साड़ी ले लेना।'' माधुरी ने कहा।

माया ने सुशीला से कहा, ''ड्रामा ठीक साढ़े आठ बजे शुरू हो जाएगा, दस बजे खत्म कर देना है भौजी। मुझे वहाँ साढ़े सात बजे पहुँच जाना चाहिए। पाँच बज रहे हैं...तो तुम्हें भी तो चलना है भौजी !''

सुशीला ने हँसते हुए कहा, ''हाँ-हाँ, ज़रूर चलूँगी माया बीबी ! लेकिन कम्मो बीबी को क्यों साथ नहीं ले चलतीं ? दोपहर से मुँह फुलाए बैठी हुई हैं।''

''अम्मा जो अकेली रह जाएँगी भौजी ! मैंने कमला को इतना समझाया, लेकिन बड़ी ज़िद्दी हो गई है। अम्मा का हाथ बँटानेवाला तो कोई होना चाहिए, अकेली कैसे खाना बनाएँगी और घर का काम-काज कैसे सँभालेंगी ?''

माधुरी ने कहा, ''कम्मो को भी लेती जा माया, मैं अकेली सब कुछ कर लूँगी। और आज खाना बनाना ही क्या है, उनका मिजाज़ बिगड़ा हुआ है कि किशन फेल हो गया।''

माया चौंक उठी, ''क्या कहा अम्मा...किशन भैया फिर फेल हो गए यह तो बुरा हुआ। तब तो अगले साल वह मेरे साथ बी.ए. की परीक्षा में बैठेंगे। क्यों भौजी, है न ऐसा ?''

सुशीला ने एक छोटा-सा उत्तर दिया, ''और अगर वह बम्बई में एक्टर बन गए तो नहीं।''

माया हँस पड़ी, ''हाँ, भौजी...अगर उन्हें बम्बई में एक्टिंग का काम मिल जाए तो बड़ा अच्छा हो। हज़ारों-लाखों की आमदनी, शान के कपड़े, शानदार मोटरकार और देश-भर में नाम। तब तो मैं भी बम्बई जाकर एक्टिंग करूँगी।''

माया अपनी यह बात न जाने किस आवेश में कह गई कि वह यह भूल ही गई कि उसकी माता वहीं मौजूद है। माया को एक्टिंग में काफी अभिरुचि थी...कभी-कभी फिल्म में हीरोइन बनने का सपना देख लिया करती थी। उसे इसमें किशन से हमेशा प्रोत्साहन मिला। किशन को बम्बई जाने की सलाह उसने ही दी थी।

माधुरी एकाएक भड़क उठी, ''अच्छा, लाडलीजी भी एक्टिंग करने की सोच रही हैं...नाच, गाना, ड्रामा; दिमाग फिर गया है तेरा। अभी कहती हूँ तेरे बाबूजी से, कल से ही तेरी पढ़ाई-लिखाई बन्द।''

माया अपनी माता के गले से लिपट गई, ''अम्मा...मेरी अच्छी अम्मा ! बाबूजी से यह सब मत कहना। मैं तो वैसे ही हँसी कर रही थी। बड़ा बुरा हुआ जो किशन भैया फेल हो गए...अगले साल ज़रूर पास हो जाएँगे। मैं उन्हें अपने साथ बैठालकर ज़बर्दस्ती पढ़ाऊँगी।''

माधुरी ने माया के हाथ से अपनी गर्दन छुड़ाते हुए कहा, ''अच्छा, अच्छा ! जा कम्मो से कह दे कि वह तैयार हो जाए, बेचारी दोपहर-भर रोती रही है। ले मोहन भी आ गया मालूम होता है। बहू...उसे जल्दी से नाश्ता करा दो, तब जाना। मैं कमला से भी कहे देती हूँ कि वह तैयार हो जाए।''

मोहन ने कमरे में पहुँचकर कपड़े बदले, शिथिल भाव से बैठकर सोचने लगा। उसका मुख उतरा हुआ था, एक तरह की निराशा-जनित वेदना थी उसके मुख पर। सुशीला जल्दी-जल्दी नाश्ता लेकर उसके पास पहुँची, पर मोहन को मानो सुशीला के कमरे में आने का पता ही नहीं था। सुशीला ने नाश्ता उसके सामने रखते हुए कहा, ''क्या बात है, मुँह बड़ा उतरा हुआ है ? तबीयत तो ठीक है ?'' और यह कहकर सुशीला ने उसके माथे पर हाथ रखा यह देखने के लिए कि कहीं बुखार तो नहीं है।

मोहन ने सुशीला का हाथ माथे से हटाते हुए कहा, ''नहीं, बुखार नहीं है। वैसे ही कुछ थकावट आ गई है।''

पिछले कई महीनों से मोहन की तन्दुरुस्ती ठीक नहीं चल रही थी। सुशीला बोली, ''मैंने आप से कितना कहा कि कुछ दिनों की छुट्टी ले लीजिए...बड़ी मेहनत करनी पड़ती है आपको। अच्छा, नाश्ता कर लीजिए,

थकावट दूर हो जाएगी।''

बिना मन के खाते हुए मोहन ने अपनी पत्नी को देखा, ''आज तो शायद तुम्हें माया के कॉलेज में जाना होगा, आज ड्रामा है न !''

''हाँ...मैं तो नहीं जाना चाहती थी लेकिन माया जिद पकड़ गई है। दस-साढ़े दस बजे तक लौट आऊँगी। अम्माजी रोटियाँ बना देंगी, दाल और तरकारी मैंने बना दी है। आप जल्दी ही खाना खाकर सो जाइएगा।''

''हाँ-हाँ...हो आओ जाकर। मैं घर पर ही रहूँगा, मेरी चिन्ता मत करना।''

मोहन शाम को नाश्ता करके प्रायः नित्य ही बाहर चला जाया करता था। पंडित दीनानाथ के यहाँ रोज शाम को बैठक जमा करती थी। वहाँ भजन-कीर्तन होता था, वहाँ घंटे-दो घंटे सम्मिलित होकर घर लौटता था और भोजन करके दस बजे तक सो जाता था।

सुशीला ने कहा, ''क्यों, पंडित दीनानाथ के यहाँ नहीं जाइएगा क्या ? क्या बात है जो आपका मन इतना उचटा-उचटा है ?''

''कोई खास बात नहीं, ऐसे ही मन बड़ा खराब हो गया है।''

सुशीला को जैसे कुछ याद आ गया, उसने कहा, ''किशन बाबू के फेल होने की खबर सुनकर क्या मन उदास हुआ है ?''

''क्या कहा ? किशन फिर फेल हो गया...क्या उसका रिज़ल्ट आ गया ?'' मोहन ने पूछा।

''आपको नहीं मालूम...बाबूजी बड़े नाराज़ हैं, अम्माजी का मन भी अच्छा नहीं है।''

एक रूखी हँसी हँसते हुए मोहन ने कहा, ''इसमें नाराज़ होने या मन खराब करने की क्या बात है। बी.ए. पास करके ही वह कौन-सा जग जीत लेता। उसने अच्छा ही किया जो वह बम्बई चला गया। अगर फिल्म लाइन में उसे सफलता मिल जाए तो बहुत अच्छा हो। अच्छा, अब तुम कपड़े-वपड़े बदल लो जाकर, मैं लेटूँगा, सिर में थोड़ा-सा दर्द है।''

''सिर में दर्द है...तो लाओ मैं सिर दबा दूँ। मुझे नहीं जाना इस ड्रामा में।''

''अरे इतना दर्द तो नहीं है कि तुम्हें दबाने की ज़रूरत पड़े, थोड़ी-सी

धमक है। तुम हो आओ जाकर !'' मोहन बोला। पर उसने देखा कि सुशीला वहाँ से जाने का नाम नहीं ले रही, उसके मुख पर गहरी उदासी छाई हुई है। कुछ देर तक चुप रहकर उसने कहा, ''तो फिर तुम्हें बतला ही दूँ। आज मुझे दफ्तर से नोटिस मिल गया है... नौकरी खत्म।''

मानो बिच्छू ने डंक मार दिया हो सुशीला को, ''क्या कहा, नोटिस मिल गया है आपको ? यह क्यों ? हे भगवान, कौन-सा कसूर था आपका जो आपको नोटिस मिला ?''

''कसूर किसी का नहीं सुशीला...सब भाग्य का खेल है। आजकल छँटनी हो रही है...जिस डिपार्टमेंट में मैं था वह तोड़ दिया गया। हम सब लोग टेम्परेरी थे...सबको नोटिस मिल गया। एक-एक महीने की तनख्वाह देकर सब लोगों की नौकरी खत्म कर दी गई।''

सुशीला बोली, ''वह डिपार्टमेंट टूट गया तो तुम्हें दूसरी जगह भेज देते। यह तो बड़ा अन्याय है।''

''न्याय-अन्याय का सवाल कहाँ उठता है ? दूसरी जगह है कहाँ ? दो अफसर, सत्तर क्लर्क और बारह चपरासी अलग किए गए हैं। मुझसे जो बड़े अफसर थे उन्हें दूसरी जगह मिल गई है, यानी उनका तबादला हो गया है।'' मोहन एक खिसियाई हुई हँसी हँसा, ''कल से फिर नौकरी की तलाश में दर-दर ठोकरें खानी हैं। हम लोगों के भाग्य में तो भगवान ने यही सब लिखकर भेजा है। खैर छोड़ो भी। अगर एक प्याला चाय और हो तो ले आओ।''

''अभी लाई।'' यह कहकर सुशीला रसोईघर में चली गई।

रसोईघर में माधुरी बैठी हुई सुशीला की प्रतीक्षा कर रही थी। सुशीला ने मोहन का चाय का प्याला अपनी सास के सामने रखते हुए कहा, ''अम्माजी, एक प्याला चाय और दे दीजिए।''

''मैं अभी लेकर आती हूँ बहू, तुम जाकर कपड़े बदलो। माया को देर हो रही है...वह तो तैयार भी हो चुकी है।'' और उसी समय माया रसोई के दरवाज़े पर आकर बोली, ''भौजी ! तुम अभी तक ऐसी ही बैठी हो ! आधा घंटा लग जाएगा तुम्हें और छह बज गए हैं। जल्दी करो, मुझे सात-साढ़े सात बजे तक पहुँच जाना है।''

सुशीला ने, बिना माया की तरफ देखे, कहा, ''तुम कम्मो बीबी को लेकर चली जाओ माया बीबी, मैं न जाऊँगी। तुम्हारे भइया का मन बहुत उदास है, उनके सिर में हलका-हलका दर्द भी है। आज कुछ अच्छा नहीं लगता।''

माधुरी तमक उठी, ''क्यों, क्या बात है ? किशन फेल हो गया तो हो गया, यह भी ऐसी क्या बात है कि घर-भर में उदासी छा जाए ! जाओ... कपड़े बदलो जाकर। मैं मोहन को समझा दूँगी।''

''नहीं अम्माजी, किशन बाबू के फेल होने से वह उदास नहीं हैं, बात यह है कि उनकी नौकरी छूट गई, आज उन्हें दफ्तर से जवाब मिल गया है।''

''क्या कहा ? मोहन को दफ्तर से जवाब मिल गया ?'' माधुरी एकदम उठ खड़ी हुई, ''हे भगवान, कौन-सा पाप हो गया है हम लोगों से जो मुसीबतों का पहाड़ गिरा रहे हो हम पर।'' और माधुरी सीधे केशव के कमरे की तरफ दौड़ी। केशव शाम के कपड़े पहनकर बाहर जाने को तैयार हो ही रहा था कि उसे माधुरी की आवाज़ सुनाई पड़ी, ''अरे सुना तुमने...बड़ी भारी विपत्ति आ पड़ी हम लोगों पर। आज मोहन की नौकरी छूट गई...उसे जवाब मिल गया।''

केशव घबराया-सा मोहन के कमरे की ओर बढ़ा...सुशीला एक कोने में खड़ी हो गई ! केशव ने जाते ही कहा, ''यह क्या सुन रहा हूँ मोहन ! तुम्हें जवाब मिल गया ? क्या बात है, क्या हुआ तुमसे ?''

''मेरा डिपार्टमेंट तोड़ दिया गया बाबूजी, दफ्तर में छँटनी हुई है। इस साल कम्पनी को इतना फायदा नहीं हुआ जितना होना चाहिए था, बड़े साहब कहते थे बाजार की जैसी हालत है उससे आगे नुकसान ही होगा। दो छोटे अफसरों, सत्तर क्लर्कों और बारह चपरासियों को नोटिस मिला है।''

''तुम्हारी तो तीन साल की सर्विस थी।'' केशव ने कहा।

''जी, पाँच-छह साल की सर्विसवालों को नोटिस दे दिया गया है...हम लोगों की पोस्ट टेम्परेरी थी। बाबू जगन्नाथ तो दफ्तर में ही बेहोश हो गए... उन्हें घर पहुँचाकर आ रहा हूँ। बड़ा सदमा लगा बेचारे को !''

''मिस्टर मिश्रा का पाजीपन है...मैं कल ही उनसे मिलूँगा। यह तो अन्धेर की बात है।''

''इसमें मिश्राजी कुछ नहीं कर सकते। उनका तनिक भी दोष नहीं है।

बेचारों ने बड़ी लिखी-पढ़ी की, लेकिन हैड ऑफिसवालों पर उनका वश नहीं है। तीन दिन से वह दफ्तर नहीं आ रहे। मुँह छिपाए घर में पड़े हैं।'' फिर रुककर उसने कहा, ''नोटिस के रूप में एक-एक महीने की तनख्वाह हम लोगों को मिल गई है।''

केशव मर्माहत-सा खड़ा कुछ देर तक सोचता रहा, फिर उसने कहा, ''तो फिर अब क्या होगा ?''

''होगा क्या ? कल से फिर दफ्तरों के चक्कर लगाना शुरू करूँगा। और आपको भी कुछ दौड़-धूप करनी पड़ेगी मेरे लिए। आप तो जानते ही हैं कि आजकल पढ़े-लिखे लोगों की बेकारी बुरी तरह बढ़ रही है। हर जगह छँटनी हो रही है, तनख्वाहों में कमी हो रही है। और हर साल हज़ारों ग्रेजुएट गुलामी करने के लिए तैयार होकर विश्वविद्यालयों से निकल रहे हैं।''

मोहन ने जो कुछ कहा था, वह एक कटु सत्य था, वह कटु सत्य आज भी वैसे-का- वैसा है। जीवित रहने का संघर्ष...मानव का सबसे बड़ा संघर्ष है। जिसे लोग मध्य वर्ग कहते हैं उसमें यह जीवित रहने का संघर्ष भयानक है। इस मध्य वर्ग के पास विशिष्टता का ढोंग है, सम्पन्नता का दिखावा है। इसके पास सामाजिकता है, इसके पास नैतिकता है, इन सामाजिक और नैतिक मान्यताओं का निर्माता यह मध्य वर्ग ही तो है...ये मान्यताएँ केवल इस मध्य वर्ग के सत्य हैं और मान्यताओं को वह अपने सिर पर लादे हुए हैं। इस मध्य वर्ग के पैर लड़खड़ा रहे हैं...लेकिन अपने सिर के बोझ को उतार फेंकने का उसके पास साहस नहीं है।

अभावों और विवशताओं से इस मध्य वर्ग का निस्तार नहीं क्योंकि उनकी वे मान्यताएँ ही इस मध्य वर्ग के सत्य हैं जिनसे इन अभावों और विवशताओं का जन्म होता है। इन अभावों और विवशताओं को वह दूर करना चाहता है, और इसके लिए मध्य वर्ग के कुछ लोगों ने सामाजिक नैतिकता को छोड़कर वैयक्तिक नैतिकता के कुछ नियम बना लिए हैं जिन्हें वे अपने तक सीमित रखते हैं। धीरे-धीरे ऐसे लोगों की संख्या बढ़ती जाती है, ये लोग सम्पन्न बनते जाते हैं, और इन सम्पन्न व्यक्तियों का एक अलग वर्ग बनता जा रहा है। मध्य वर्ग दो भागों में विभाजित हो रहा है, उच्च मध्य वर्ग और निम्न मध्य वर्ग।

केशव कुछ दिनों से यह अनुभव कर रहा था, लेकिन उसकी विचारधारा सुस्पष्ट नहीं थी। उसके जीवन का जो क्रम बन चुका था उससे निकलना उसके लिए असम्भव था...उस क्रम को तोड़ने की क्षमता उठते हुए नौजवानों में हुआ करती है। उस क्रम को तोड़ने की क्षमता शायद किशन में थी, मोहन में नहीं थी। मोहन का निर्माण भी उसी ढाँचे में हो चुका है, जिसमें केशव का निर्माण हुआ था।

7

मोहन की तबीयत गिरती जा रही थी...और उसकी तबीयत न सँभलने का मुख्य कारण था मोहन की बेकारी। केशव सोच रहा था कि मोहन को अपनी बेकारी का इतना सदमा क्यों है ? शायद इसलिए कि कुछ आदमियों का मनोविज्ञान ही गम्भीर किस्म का होता है। मोहन की बेकारी का प्रभाव घर-परिवार की आर्थिक स्थिति पर पड़ा...इससे इनकार नहीं किया जा सकता। माया बी.ए. फाइनल में थी, फिर माया का विवाह भी करना था। कमला भी अब बड़ी हो रही थी। मुन्ना स्कूल जाने लगा था। और केशवचन्द्र की तनख्वाह कुल एक सौ बीस रुपया महीना थी। इतने वर्षों के बाद उसे एक सौ बीस रुपया महीना ही मिल रहा था, जबकि चीज़ों के दाम दुगने हो गए थे, मँहगाई बढ़ती जा रही थी। मोहन को एक सौ पचास रुपये मिलते थे...एकदम एक सौ पचास रुपये महीने की आमदनी बन्द हो जाए ! परिवार के लिए यह संकट तो था ही !

मकान खरीदने के लिए जो कर्ज़ लिया था केशव ने, वह अदा हो गया था, लेकिन गृहस्थ जीवन का खर्च बड़ी मुश्किल से चल पाता था। मोहन कुछ तो अपनी बेकारी से और कुछ हर जगह से निराश लौटने की कुंठा से चिड़चिड़ा-सा हो गया था। मोहन के पास कोई शौक भी तो नहीं थे जिनसे वह अपनी तबीयत बहला सके। कुछ अपने में बन्द अपने अन्दरवाली उथल-पुथल में डूबा रहता था वह। सुशीला मोहन को समझाती थी, केशव मोहन को समझाता था, लेकिन समझ तो अपने अन्दर की चीज हुआ करती

है, दूसरों के समझाने से ही यदि लोग समझ सकते तो दुनिया का रूप ही दूसरा होता।

किशन भी तो था, उसने कभी चिन्ता नहीं की। उसने जितना हुआ परिवार से वसूल किया, झूठ बोलकर, धोखा देकर। किशन की सुविधा और सुख...यही उसका सत्य था। और किशन सुखी था, स्वस्थ था, मजे में था। दस महीने हो गए किशन को बम्बई गए हुए, इस बीच वह कानपुर आया ही नहीं। और आता भी क्यों ? इस अभावों से भरे घर में उसको कोई दिलचस्पी नहीं थी। आरम्भ में उसने अपने पिता से रुपये मँगवाए, फिर उसने रुपये मँगाने बन्द कर दिए। उसने लिखा कि उसे काम मिलता जा रहा है, यद्यपि अभी ढंग का काम नहीं मिला है, उसमें कुछ दिन लगेंगे।

जनवरी का महीना बीत रहा था, लेकिन सर्दी ज़ोरों के साथ पड़ रही थी। मोहन एक इंटरव्यू में कलकत्ता गया था। केशव ने सुबह दफ्तर जाते हुए उस दिन की डाक देखी, एक पत्र कलकत्ता से आया था, एक बम्बई से आया था। मोहन ने लिखा था कि इंटरव्यू में वह नहीं आया और वह तीन दिन बाद कानपुर वापस लौटेगा। उस पत्र में उसने यह भी लिखा था कि अगर कानपुर में उसकी किसी अर्जी का जवाब आए तो केशव उसे तार देकर बुला ले। दूसरा पत्र किशन का था। किशन ने लिखा था कि वह अच्छी तरह है और उसे एक अच्छा कांट्रेक्ट मिल गया है। अपने बड़े भाई की बेकारी पर उसने दुख प्रकट किया था। उसने यह वादा किया था कि जैसे ही उसे रुपया मिलेगा वैसे ही वह घर के लिए कुछ रुपया भेजेगा, अभी तो उसका रुपया फँसा हुआ है।

केशव ने अपनी पत्नी को बुलाया, ''मोहन तीन-चार दिन में लौटेगा कलकत्ता से...इंटरव्यू में वह नहीं आया, अच्छा ही हुआ। भला कहाँ कलकत्ता में रहता जाकर, घर से इतनी दूर। यहाँ नौकरी उसे मिल ही जाएगी।''

माधुरी ने कहा, ''चलो अच्छा हुआ। मैं तो ज़रा भी नहीं चाहती थी कि वह कलकत्ता जाए इंटरव्यू देने, बेकार पच्चीस-तीस रुपये का खर्च हो गया। लेकिन तुम मेरी बात सुनते ही नहीं हो। एक लड़का बम्बई जाकर बैठ गया... एक यहाँ है, उसे भी तुम कलकत्ता भेज रहे थे। भगवान जो कुछ करता है अच्छा ही करता है।''

"और किशन की चिट्ठी भी आई है।" केशव ने कहा।

"अरे, किशन की भी चिट्ठी आई है ! क्या लिखा है उसने, तुमने बताया नहीं।"

"बताऊँ क्या ? वही हमेशा लिखा करता है। बड़ी अच्छी तरह है, काम मिल गया है, लेकिन रुपये की तंगी है। कहता है कि अगले महीने उसको रुपया मिलेगा तो हो सका तो कुछ भेजेगा। यह उसकी चिट्ठी हिन्दी में लिखी है।"

माधुरी ने किशन की चिट्ठी हाथ में लेते हुए कहा, "हमें न भेजे तो न भेजे, वह तो सुखी रहे। भगवान को धन्यवाद कि वह काम से लग गया", यह कहते हुए माधुरी चिट्ठी पढ़ने लगी। एकाएक वह बोल पड़ी, "अरे तुमने यह नहीं बताया कि वह होली में आ रहा है यहाँ।" और यह कहकर माधुरी तेज़ी के साथ वहाँ से चली गई। केशव के दफ्तर जाने का समय हो रहा था, इसलिए वह दफ्तर की ओर रवाना हो गया।

आँगन में आकर माधुरी ने आवाज़ दी, "माया...अरी माया ! ओ बहू, मोहन की चिट्ठी आई है।"

माया इस समय सुशीला के साथ बैठी थी। उस दिन उसकी कॉलेज की छुट्टी थी...वसन्तपंचमी थी, ननद-भौजाई बसन्ती साड़ियाँ पहनकर उस दिन जर्दा और तहरी बनाने की सलाह कर रही थीं। माधुरी की आवाज़ सुनकर दोनों ही आँगन में आ गईं। माया ने पूछा, "मोहन भइया की नौकरी लग गई कलकत्ता में ?"

मुस्कराते हुए माधुरी ने कहा, "मैं न चाहूँ तो भला कलकत्ता में नौकरी मिल सकती है, काले कोसों ! वह दो-तीन दिन कलकत्ता घूम के लौटेगा, अरे यहीं काम मिलेगा उसे। किशन बम्बई बस गया है...मोहन अगर कलकत्ता चला जाए तो यहाँ घर में कौन रहेगा ? और हाँ, किशन की भी चिट्ठी आई है। किशन को बड़ा अच्छा काम मिल गया है। मोहन को अब चिन्ता करने की ज़रूरत नहीं है। किशन ने लिखा है कि अगले महीने वह रुपया भेजेगा। और सुना माया, तेरा किशन भइया होली में घर आ रहा है ! क्यों बहू, कितने दिन हैं होली के ?"

सुशीला हँस पड़ी, "अभी तो करीब दो महीने हैं होली के, अम्माजी।

फिर कौन जाने होली तक उनका इरादा क्या हो जाए। न आवें तो कोई अनहोनी बात नहीं होगी।''

सुशीला की यह बात माधुरी को अच्छी नहीं लगी, उसने कहा, ''बहू ! इस तरह की अशुभ बात मुँह से न निकालो। भला उसका इरादा क्यों बदल जाएगा ? उसके माँ-बाप, भाई-बहन सभी तो यहाँ हैं।''

''वह तो ठीक है, लेकिन जब किशन लाला किसी की मानें, तब न ? पहले दशहरा लिखा था, फिर लिखा था कि दीवाली में आवेंगे, और इस बार लिखा कि होली में आवेंगे, मैं तो इतना जानती हूँ कि अन्धा तब पतियाय कि जब दो आँखें पावे। जब किशन बाबू आ जावें तब उन्हें आया समझो।''

माधुरी का स्वर कुछ तेज़ हुआ, ''देखो बहू, बात-बात में ताना मत दिया करो।''

''मैं ताना नहीं दे रही हूँ अम्माजी, आप बेकार बिगड़ रही हैं। मैंने तो तथ्य की बात कही थी। भला किशन बाबू का क्या भरोसा ? वह कलाकार ठहरे, उनकी दुनिया दूसरी है।''

सुशीला की यह बात माया को अच्छी नहीं लगी, उसने कहा, ''तो क्या कलाकार होना कोई पाप है, भौजी ?''

माया कहने को तो यह बात कह गई, लेकिन यह बात कहकर वह पछताई। उसे किशन से कोई विशेष दिलचस्पी थी, लेकिन माया स्वयं अपने को कलाकार समझती थी और 'कलाकार' पर सुशीला का व्यंग्य उसे अच्छा न लगा था। माधुरी को अपनी लड़की की बात से बल मिला, उसने चिल्लाकर कहा, ''अगर तेरी भौजी कहती हैं कि कलाकार होना पाप है तो वह ज़रूर पाप है। न जाने तेरी भौजी का क्या बिगाड़ा है उस बेचारे ने ?''

''आप तो बेबात की बात पर लड़ती हैं अम्माजी, मैंने किशन बाबू के खिलाफ तो एक शब्द भी नहीं कहा। मैं तो उन्हें इतना मानती हूँ, उनके न आने से मुझे कितना दुख होता है। आपको भी दुख न हो इसलिए मैंने आपसे यह बात कही थी।''

माधुरी का स्वर ऊँचा ही होता जा रहा था, ''मैं जानती हूँ तुम्हें कितनी हमदर्दी है किशन के साथ। अब कसम खाई जो तुम्हारे सामने किशन की कोई बात की।''

माया ने स्थिति सँभालने की कोशिश की, ''तुम तो जरा-जरा-सी बात पर नाराज़ हो जाती हो अम्मा ! भौजी ने कौन ऐसी बात कह दी थी जो इतना ज़्यादा बिगड़ गई हो !''

सुशीला की आँखों में आँसू आ गए थे, माया की बात सुनकर उसकी हिचकियाँ बँध गईं। लेकिन माधुरी का क्रोध सीमा पार कर गया था, ''ओहो, मुझे आन सिखाने चली है कल की लौंडिया ! पहले तो ताने मारे और जो कुछ कह दिया तो लगी आँसू बहाने ?'' और माधुरी पैर पटकती हुई आँगन से चली गई।

सुशीला के अन्दर का बाँध अनायास ही फूट पड़ा, बहुत दिनों से वह उस घर में अपने को अपमानित और लांछित अनुभव कर रही थी। वह यह भी अनुभव कर रही थी कि इस अपमान और लांछन के पीछे उसके पति की बेकारी है।

माया ने सुशीला का हाथ पकड़ लिया और उसे उसके कमरे में ले गई। कमरे में पहुँचकर माया ने कहा, ''अरे, अपना चित्त सुस्थिर करो भौजी, अम्मा का तो मिजाज़ ही इन दिनों चिड़चिड़ा हो गया है। बात-बात में बिगड़ने लगती हैं, उनकी बात पर बुरा मानना ही बेकार है।''

अपनी सिसकियों को दबाते हुए सुशीला ने कहा, ''जानती हूँ माया, लेकिन इसमें हम लोगों का क्या दोष ? नौकरी पाने के लिए वह कलकत्ता दौड़े गए, घर छोड़ने को भी तैयार हैं। दिन-रात दौड़-धूप करते रहते हैं।''

''लेकिन अम्मा ने मोहन भइया को कब दोष दिया है भौजी ?'' माया ने कहा, ''वह तो बिलकुल नहीं चाहतीं कि मोहन भइया कानपुर छोड़कर कहीं बाहर जाएँ। वह तो उनके कलकत्ता जाने को भी मना कर रही थीं।''

''हाँ माया बीबी...अम्माजी नहीं चाहतीं कि यह कहीं बाहर जाएँ, लेकिन इन्हें यहाँ नौकरी भी तो नहीं मिल रही, इतने दिन हो गए। यह रुपया, यह आर्थिक कष्ट...मिजाज़ के चिड़चिड़ेपन की तह में यही है, इसके सिवा कुछ भी नहीं है। जब तक यह कमाते-धमाते थे तब तक इस घर में कितना आदर-मान होता था, और आज बात-बात में मुझे झिड़कियाँ मिलती हैं। तुम तो खुद देख रही हो।''

जो कुछ सुशीला ने कहा वह सत्य था...माया ने इस सत्य को पहले कभी

अनुभव न किया था। सुशीला की बात सुन मानो एकाएक उसकी आँखें खुल गईं, ''सच कह रही हो भौजी ! मैंने कभी यह सोचा ही नहीं था।''

सुशीला ने एक गहरी साँस ली, ''हाँ माया बीबी ! तुम पढ़ रही हो, इस साल बी.ए. पास हो जाओगी...इसके बाद...मैं तुमसे कहती हूँ तुम समर्थ बनकर कोई काम करना। यह किसी दूसरे पर निर्भर रहना ही सबसे बड़ी गुलामी है अपमान, लांछन...सब कुछ इस गुलामी में बर्दाश्त करना पड़ता है। दुनिया में जो कुछ है वह पैसा है...पैसा !''

बात माधुरी की ही सच निकली, होली से ठीक एक हफ्ते पहले किशन अपने घर वापस लौटा।

जिस समय किशन का ताँगा घर के सामने रुका, घर में सिफ र्माधुरी और सुशीला थीं। किशन ने आवाज़ दी, ''अम्मा ! किवाड़ खोलो।'' उस समय पाँच बजे थे, केशव के घर आने का समय हो गया था। माधुरी और सुशीला रसोईघर में शाम का नाश्ता तैयार कर रही थीं। मोहन एक ट्यूशन पढ़ाने गया था, माया रानी के घर में पढ़ रही थी और कमला और मुन्ना माया के साथ ही गए थे। माधुरी ने कहा, ''अरे यह तो किशन मालूम होता है'', और उसने दौड़कर किवाड़ खोले।

किशन को माधुरी पहचान न सकी, इतना बदल गया था वह। चाइना सिल्क का सूट वह पहने था। उस पर एक भड़कीली टाई थी। दो सूटकेस थे उसके पास...एक नया होल्डाल भी साथ में था। कीमती चमकीले कपड़े पहने था...महीन तलवारनुमा मूँछें थीं, सिर पर फेल्ट हैट था और मुँह में सिगरेट लगा हुआ था। उसने हँसते हुए कहा, ''हलो अम्मा...हलो अम्मा... लो मैं आ गया। कोई नौकर नहीं है क्या ?'' और उसने ताँगेवाले से कहा, ''ज़रा असबाब उठाकर अन्दर रख दो।''

माधुरी के पीछे-पीछे सुशीला भी आई थी...वह अपनी सास से कुछ पीछे हटकर खड़ी थी। ताँगेवाले ने असबाब उतारा और किशन ने अब अपनी भौजी को देखा, ''अरे भौजी...नमस्ते ! नहीं पहचान सकीं मुझे...हा ! हा ! बहुत बदल गया हूँ, तुम कहोगी...लेकिन बदला जरा भी नहीं हूँ; वैसी ही तन्दुरुस्ती उतना ही वजन। हाँ ज़िन्दगी कुछ दूसरे किस्म की ज़रूर हो गई है।''

इस समय तक ताँगेवाले ने सामान अन्दर घर में रख दिया था। माधुरी

ने कहा, ''अरे कैसी शक्ल बना रखी है आवारों की तरह ! तुझे शर्म नहीं आती मेरे सामने सिगरेट पीते ! मेरा बेटा साल-भर बाद लौटा है। तेरा रास्ता देखते-देखते आँखें पथरा गईं, कितना निर्मोही निकला। अरी बहू ! माया के कमरे में इसका सामान रख दे, माया फिर कमला और मुन्ना के साथ चली जाएगी। चल, पहले कमरे में चल; बहू, ज़रा हलवा और पकौड़ी बना ले, कितने दिनों बाद किशन आया है !''

सुशीला ने सूटकेस उठाया, वह काफी भारी था। उसने कहा, ''किशन लाला, जरा हाथ लगा दो, बड़ा वज़नी है यह।''

किशन हँस पड़ा, ''बड़ा सामान लाया हूँ इसमें। तुमसे न उठेगा। तुम यह अटैचीकेस उठाओ, मैं सूटकेस रखे देता हूँ।'' और किशन ने अपना सूटकेस उठाकर माया के कमरे में यानी अपने पुराने कमरे में रख दिया।

किशन के सामान से, उसकी पोशाक से किशन की सम्पन्नता टपक रही थी। सुशीला के मन में एक प्रकार की ईर्ष्या हुई किशन को देखकर, लेकिन उसने अपने अन्दरवाली ईर्ष्या को दबाया। वह चुपचाप किशन के लिए हलवा और पकौड़ी बनाने लगी। माँ-बेटे कमरे में बैठकर बातें करने लगे। और इसी समय मोहन ट्यूशन पढ़ाकर वापस लौटा। आते ही उसने रसोई के अन्दर नज़र डाली, ''सुशी ! चाय बन गई, बड़ा थक गया हूँ...सोचा कुछ बना हो तो खा लूँ।''

''चाय तो तैयार है, हलवा और पकौड़ी बना रही हूँ...आप कमरे में कपड़े बदलिए चलकर, मैं लाती हूँ। किशन लाला आए हैं...अम्माजी के कमरे में हैं।'' फिर उसने अपनी ही बात काटी, ''नहीं, पहले नाश्ता कर लीजिए... हलवा मैं देती हूँ, पकौड़ी कड़ाही में डाल रही हूँ।''

जूते उतारकर मोहन रसोई में बैठ गया। उस समय वास्तव में उसे बड़ी भूख लगी थी, दस बजे सुबह उसने खाना खाया था। सुशीला ने उसे नाश्ता परस दिया, कड़ाही चूल्हे से उतारकर वह मोहन को नाश्ता कराने लगी और इस बार उसने अपने पति को गौर से देखा। आभाविहीन, दुबला-सा चेहरा, आँखें कुछ बुझी-बुझी और खोई-खोई। मुख पर किसी प्रकार का उल्लास नहीं। और फिर उसकी नज़र अपने पति के कपड़ों पर पड़ी। एक मैली-सी धोती, उसके ऊपर एक फटी कमीज़ जो कोट से ढकी हुई थी। वह फटी

कमीज़ दोपहर के समय सुशीला ने ही तो अपने पति को दी थी। और उसके खुले गले के कोट का कालर भी घिसने लगा था।

इधर करीब एक साल से मोहन के कपड़े नहीं बने थे। सुशीला ने न जाने कितनी बार अपने पति से आग्रह किया था कि वह कुछ कपड़े बनवा ले, लेकिन मोहन को जैसे कपड़ों में कोई दिलचस्पी ही नहीं थी। कपड़े वह बनवाता कहाँ से ? एक-एक पैसे के लिए वह अपने पिता पर आश्रित था। और उसके माता-पिता को उसकी नौकरी की चिन्ता थी, उसके कपड़ों की नहीं।

सुशीला ने अपने पति की उनके छोटे भाई किशन से तुलना की और एक प्रकार के क्रोध और झुँझलाहट से भरे हुए विक्षोभ को उसने अपने अन्दर अनुभव किया। वह किशन जो गैर-जिम्मेदार है, जो आवारा है, जो झूठा है, वह सम्पन्न है, वह ठाठ के कपड़े पहनता है, मौज के साथ दुनिया में घूमता है, निश्चिन्त है, सुखी है। और उसके सामने उसका पति बैठा हुआ था, सीधा, सच्चा, मेहनती। दूसरों के लिए अपना जीवन अर्पित कर देनेवाला; और उसका पति अभावग्रस्त है, दुखी है।

उसी समय उसे अपनी सास की आवाज़ सुनाई दी, ''क्या करने लग गई, बहू ? अभी क्या नाश्ता नहीं बना।'' और उसने देखा कि माधुरी पैर पटकते हुए रसोई में आ गई। माधुरी ने देखा कि मोहन नाश्ता कर रहा है, और सुशीला चुपचाप बैठी अपने पति को देख रही है। माधुरी गरज पड़ी, ''शरम नहीं आती बहू, वह बेचारा किशन अभी सीधा स्टेशन से आ रहा है, थका हुआ; तो उसके नाश्ते की ज़रा भी फिक्र नहीं; मुझे छोड़कर इस घर में उसका है कौन !'' और माधुरी किशन के लिए नाश्ता लगाने लगी।

सुशीला ने अपनी सास को कोई जवाब नहीं दिया, मोहन ने बात सँभालने की कोशिश की, ''मुझे बड़ी भूख लगी थी अम्मा, तो मैं जबर्दस्ती खाने बैठ गया, इसमें इसका कोई दोष नहीं है। यह तो नाश्ता ला ही रही थी। फिर किशन कपड़े बदलकर नाश्ता करेगा।''

अपनी माँ के पीछे-पीछे किशन भी आ गया था। उसने कहा, ''प्रणाम मोहन भइया ! अम्मा ज़रा मुझे कपड़े तो बदल लेने दो, अभी नाश्ता करने की क्या जल्दी है ? बाबूजी आ जाएँ।'' और उसने अपने बड़े भाई को सिर

से पैर तक देखा, ''यह क्या हालत बना रखी है आपने ? मैली धोती, फटा कोट, फटे जूते ! यह भी कोई बात है। भौजी, भइया अपने कपड़े-लत्ते से लापरवाह हैं, मैंने माना लेकिन तुम्हें तो भैया का ख़याल रखना चाहिए।''

सुशीला के अन्दरवाली घुटन एकबारगी ही फूट पड़ी, ''जिस आदमी को एक-एक पैसे के लिए दूसरों का मुँह देखना पड़े, वह भला क्या कपड़े-लत्ते बनवाएगा। दिन में दो ट्यूशन करते हैं, चालीस रुपया महीना किसी तरह कमाते हैं, वह सीधे बाबूजी को दे देते हैं।''

मोहन ने सुशीला की बात काटी, ''नहीं, ऐसी बात नहीं है। बात यह है कि माया की परीक्षा सिर पर आ गई है, उसकी शादी भी करनी है, मेरे कपड़े फिर बन जाएँगे, अभी जल्दी क्या है ?'' और मोहन अपने कमरे की ओर चला गया।

किशन कपड़े बदलकर तैयार हो ही रहा था कि केशव अपने दफ्तर से वापस लौटा। केशव के अन्दर प्रवेश करते ही माधुरी ने कहा, ''देखा, मैंने क्या कहा था कि इस बार होली पर किशन ज़रूर आएगा, तो वह आ गया होली से पहले ही !''

केशव के मुख पर सन्तोष की एक मुस्कराहट आई, ''अच्छा, किशन आ गया है !'' कहाँ है !''

कमरे से निकलकर किशन ने कहा, ''नमस्ते बाबूजी !''

केशव किशन की वेशभूषा देखकर स्तब्ध रह गया। सात रंग की ऊनी जर्किन, उसके नीचे गहरे कत्थई रंग की पैंट। गले पर एक रेशमी टाई। पैरों में कीमती जूते, और सिर खुला हुआ। केशव को किशन की यह पोशाक अच्छी नहीं लगी। उसने कहा, ''यह क्या धजा बना रखी है तुमने ?'' और उसी समय केशव की नज़र किशन के हाथवाले स्टेट एक्सप्रेस के टिन पर गई, ''तो तुम सिगरेट भी पीने लगे ?''

''जी, फिल्म लाइन में सिगरेट पीनी ही पड़ती है।...अगर हीरो के हाथ में कीमती सिगरेट न हो तो हीरो बेकार। और बम्बई में आजकल इसी तरह की पोशाक का फैशन है...लेटेस्ट डिजाइन।''

और माधुरी ने कहा, ''जरा अजीब-सा ज़रूर लगता है, लेकिन मुझे तो इसकी यह पोशाक अच्छी लगती है।''

इसी समय माया की आवाज़ सुनाई पड़ी, ''अरे किशन भइया...तुम ! मैंने कहा कहाँ से किसी फिल्म का हीरो आ गया...कितने अच्छे दिखते हो... वाह भइया, होली के पहले आ गए, बड़ा मज़ा रहेगा। मेरी परीक्षा कल से शुरू है। होली के पहले खत्म भी हो जाएगी। क्या-क्या लाए हो हम लोगों के लिए ?''

''जो कुछ लाया हूँ वह रात में निकालूँगा...अभी तो चाय पीकर मैं ज़रा बाहर जा रहा हूँ, अपने दोस्तों से मिलने।''

किशन चाय पीकर घूमने चला गया। उस दिन माधुरी ने तरह-तरह के भोजन बनवाए...सारा परिवार प्रसन्न था, एक सुशीला को छोड़कर, जिसे घर का सब काम-काज करना था।

ऐसी बात नहीं थी कि सुशीला को किशन से किसी प्रकार की घृणा हो, वह किशन का हित न चाहती रही हो, लेकिन सुशीला अपने मन में मोहन को लेकर कुंठित थी। शायद इसीलिए किशन का यह ठाट-बाट, उसका घर में इस प्रकार स्वागत उसे एक व्यंग्य अथवा विद्रूप दिख रहा था। वह अपनी भावना को अन्दर ही अन्दर दबा रही थी...ठीक तौर से सब काम कर रही थी। केवल मोहन जानता था अपनी पत्नी के अन्दरवाली कुंठा को। वह समझता था कि उसकी पत्नी के अन्दरवाली कुंठा ठीक नहीं है, पर इसमें वह अपनी पत्नी को दोष भी तो नहीं दे सकता था। उसे अपने से ही ग्लानि हो रही थी।

रात में किशन दस बजे वापस लौटा। बच्चों को, यानी मुन्ना को और कम्मो को खाना खिलाकर लिटा दिया गया था...माया का सुबह पेपर था, इसलिए वह खाना खाकर स्वयं सो गई थी। किशन के आने पर मोहन, किशन और केशव खाना खाने बैठे। किशन के सम्बन्ध में बात केशव ने आरम्भ की, ''कहो, तुम्हारा काम तो कहीं ठीक तौर से लग गया है !''

''हाँ, अब जाकर कहीं कुछ ठीक हुआ है। एक कांट्रेक्ट मिला था, पन्द्रह सौ का था जिसमें कुल पाँच सौ रुपये मिले, बाकी पिक्चर रिलीज होने पर मिलेगा। अगला कांट्रेक्ट दो हज़ार का साइन कर दिया है...सौ रुपये एडवांस में मिले; तो मैंने कहा कि घर ही हो आया जाए। पिछले पाँच सौ रुपये तो कपड़े बनवाने में ही खर्च हो गए। पाँच-छह सौ रुपये का कर्ज़ भी हो गया

है, लेकिन जैसे ही यह हज़ार रुपया मिला, कर्ज अदा हो जाएगा।"

मोहन ने पूछा, "रहने की जगह कहीं मिल गई है या सुरेश चाचाजी के साथ रह रहे हो ?"

किशन मुस्कराया, "सुरेश चाचा के साथ भला कहीं मेरा गुज़ारा हो सकता है ? पिछले चार महीनों से मैं अपने एक दोस्त के साथ रह रहा हूँ अभी हाल में सत्तर रुपये महीने पर एक तीन कमरे का फ्लैट मिल गया है। उसमें मैंने चालीस रुपये महीने पर एक कमरा एक दोस्त को उठा दिया है, मुझे तीस रुपये ही देने पड़ते हैं। क्या शानदार फ्लैट है...तीसरे मंज़िल पर, सामने ही समुद्र लहराता है। मोहन दादा, बाबूजी के साथ कुछ दिनों के लिए आइए, तबीयत खुश हो जाएगी।"

मोहन ने मुस्कराते हुए उत्तर दिया, "जरूर ! अगले साल एक महीने के लिए मैं आऊँगा। तब तक तुम फर्नीचर वगैरह ले लेना, फ्लैट को अच्छी तरह सजा रखना। क्यों बाबूजी ?"

किशन ने उल्लास के साथ कहा, "अरे साल-भर में तो आठ-दस हज़ार रुपया कमा लूँगा...शानदार फर्नीचर ले लूँगा।"

इस बार केशव बोला, "अगर फर्नीचर खरीदने के बजाए तुम दो-तीन महीने में कुछ रुपया भेज सको तो ज़्यादा अच्छा हो। माया की शादी इसी साल जून में कर देना चाहता हूँ। काफी उम्र हो गई है उसकी। अच्छा लड़का पाने के लिए सात-आठ हज़ार का दहेज देना होगा। अगर तुम तीन-चार हज़ार रुपया दे सको तो बड़ी सहायता हो जाएगी।"

किशन चौंक उठा, "अभी माया की शादी की क्या जल्दी है ? कम-से-कम दो साल तो उसकी शादी मत कीजिए...उसे एम.ए. पास कर लेने दीजिए। रुपया मैं सात-आठ महीने में भेज दूँगा...अभी तो खुद ही तंग हाल हूँ।"

मोहन ने कहा, "हाँ, मैं भी समझता हूँ कि माया को एम.ए. में भर्ती करा दीजिए।"

एक ठंडी साँस भरकर केशव ने कहा, "यही करना पड़ेगा। लेकिन आज न सही, दो साल बाद ही...माया की शादी तो करनी पड़ेगी। पास में पैसा है नहीं, इधर मोहन की भी नौकरी छूट गई है। कुछ समझ में नहीं आता

कैसे होगा।''

फिर कुछ चुप रहकर उसने किशन से कहा, ''जो भी हो...किसी तरह कुछ रुपया जल्दी-से-जल्दी भेजने की कोशिश करना। अपने साथ भी कुछ रुपया लाए होगे शायद !''

मुँह बनाते हुए किशन ने कहा, ''अपने साथ कहाँ से लाता रुपया ? बाबूजी, मैंने कहा न कि पाँच-छह सौ रुपयों का कर्ज़दार हो गया हूँ। मेरा रुपया फँसा हुआ है...मई में पिक्चर रिलीज होगी तब एक हज़ार रुपया मिलेगा। वह तो अगली पिक्चर का एक सौ रुपया एडवांस मिल गया तो कानपुर आ सका, नहीं तो इस होली में भी घर आना न होता।''

मोहन ने कहा, ''अच्छा किया जो चले आए, लेकिन आगे से कुछ हाथ दबाकर खर्च करना। बाबूजी का हाथ बँटाना भी तो हम लोगों का कर्तव्य है। इन दिनों मेरी नौकरी भी छूट गई है। एक अकेले बाबूजी कमानेवाले हैं। तुम्हारा भी तो परिवार के प्रति कर्तव्य है।''

मुँह बनाते हुए किशन ने उत्तर दिया, ''मोहन भैया, परिवार के प्रति मेरा जो कुछ भी कर्तव्य है वह मैं जानता हूँ। लेकिन उसके पहले अपने प्रति भी मेरा कुछ कर्तव्य है, यह मैं कैसे भूल जाऊँ। अपने को कष्ट में डालकर रहना...मेरे ख़याल से सबसे बड़ी बेवकूफी है। दूसरे तुम्हें उस समय पूछ सकते हैं जब तुम खुद अपने को पूछो।''

किशन का यह उत्तर केशव को अच्छा नहीं लगा, उसने अपने को दबाते हुए कहा, ''ठीक है, मुझे तुम पर ज़ोर-दबाव नहीं डालना है, ज़ोर-दबाव मैं डाल भी नहीं सकता। जैसा ठीक समझो वैसा करो !''

केशव ने जो कुछ कहा वही सत्य है। हरेक आदमी वही करता है जिसे वह ठीक समझता है। उस पर किसी तरह का ज़ोर-दबाव नहीं डाला जा सकता। खाना खाकर किशन ने अपना सूटकेस खोला, सस्ते रेयन की भड़कीली साड़ियाँ लाया था वह। एक अपनी माता के लिए, एक माया के लिए और एक सुशीला के लिए। मुन्ना के लिए जापानी खिलौने थे और कमला के लिए फ्राक के कपड़े। सुशीला ने साड़ी देखी...जैसे एक कड़वा घूँट उसे पीना पड़ा। उसके जी में आया कि वह साड़ी किशन को वापस कर दे, पर वह रुक गई। दूसरे दिन उसने माया से कहा, ''माया बीबी, यह साड़ी

तुम रख लो। बड़ा भड़कीला डिज़ाइन है, मुझे तो इसे पहनते शरम आएगी।''

''वाह भौजी, डिजाइन तो बहुत अच्छा है। हाँ, धुलाई नहीं जा सकती क्योंकि एक धुलाई में ही कपड़ा गायब हो जाएगा। अरे बम्बई में इतने अच्छे-अच्छे कपड़े मिलते हैं, किशन भैया को यही साड़ियाँ लानी थीं ?'' और फिर कुछ सोचकर माया बोली, ''खैर, कुछ ले तो आए...यही क्या कम है। न रहा होगा रुपया बेचारे के पास।''

दूसरे दिन सुबह के समय कपड़े पहनकर किशन घर से निकल गया। जाने से पहले उसने सुशीला से कहा, ''भौजी, खाने के लिए मेरा इन्तज़ार मत करना...मैं शाम को वापस लौटूँगा।''

सुशीला ने उत्तर दिया, ''किशन लाला...दाल-चावल तैयार हैं, तरकारी हो रही है, दस मिनट ठहरो, मैं रोटी सेके देती हूँ। खाना खाकर घर से जाना। इतनी सुबह-सुबह कहाँ चल दिए ?''

''दोस्तों से मिलने जा रहा हूँ और फिर मेरे खाना खाने का अभी वक्त नहीं है। मैं तो दोपहर को डेढ़-दो बजे लंच खाता हूँ। तुम मेरी फिक्र न करना, मैं बाहर दोस्तों के साथ खाना खा लूँगा।'' और यह कहकर किशन चला गया।

किशन रात के करीब नौ बजे लौटा, घरवाले उसकी प्रतीक्षा कर रहे थे। फिर तो किशन का यह क्रम बन गया कि वह रोज़ सुबह आठ-नौ बजे निकल जाता और रात को नौ-दस बजे लौटता। केशव को यह सब अच्छा न लगता था, घर के किसी भी व्यक्ति के प्रति लगाव न था किशन का। एक दिन केशव ने किशन से कहा, ''बेटा...तुम तो घर में दिखते ही नहीं, क्या बात है ?''

''यहाँ कुछ लोग हैं बाबूजी, जो एक फिल्म बनाना चाहते हैं, बम्बई में चलकर ही। पाँच लाख रुपये की लागत से यह काम हो गया तो इसमें चालीस-पचास हज़ार रुपये मिल जाएँगे उन्हें। उन्हीं से मिलने-जुलने में समय निकल जाया करता है। काम की ही बातें कर रहा हूँ।''

''सो तो ठीक है, लेकिन उन लोगों को मैंने कभी देखा नहीं है। फिर एकाध दिन वे लोग तुम्हारे यहाँ आकर भी बात कर सकते हैं, तुम्हीं उनके यहाँ दौड़ा करो, यह तो अच्छा नहीं लगता।'' केशव बोला।

और इसका जो उत्तर किशन ने दिया, उसकी केशव ने आशा नहीं की

थी, ''इस घर में उन्हें बुलाऊँ, बाबूजी ? यह गलीवाला टूटा-फूटा मकान जिसमें मेरा दम घुटता है, उसमें उन्हें बुलाकर अपनी नाक कटाऊँ। आप भी खूब बातें करते हैं। लम्बे सौदे के लिए बड़ा दिखावा चाहिए, आपकी समझ में यह बात न आएगी।''

किशन के इस उत्तर से केशव मर्माहत हो गया, उसने किशन को एक बार सिर से पैर तक देखा...और उसे लगा कि जो नवयुवक उसके सामने खड़ा है उसे वह पहचानता ही नहीं। वह किसी दूसरी दुनिया का आदमी है, उसकी वेश-भूषा, उसकी बातचीत, उसकी मान्यताएँ...ये सब नितान्त अनजाने हैं केशव के लिए। किशन उस समय घर से बाहर जा रहा था। केशव ने सिर्फ इतना कहा, ''समझ गया, हम दोनों बिलकुल मुख्तलिफ ढंग से सोचते हैं, चीज़ों को मुख्तलिफ नज़र से देखते हैं।''

और इस बार किशन ने बड़ा चुभता हुआ उत्तर दिया, ''नहीं बाबूजी, हम सब एक ही ढंग से सोचते हैं, चीज़ों को एक ही नज़र से देखते हैं। हम सब सिर्फ एक चीज़ देखते हैं...पैसा ! और हम सब सिर्फ एक बात सोचते हैं...किस तरह यह पैसा पैदा किया जाए।'' और अचानक किशन का स्वर प्रखर हो गया, ''आप मुझसे पैसा चाहते हैं, मैं दूसरों से पैसा चाहता हूँ। जब से मैं आया हूँ, आपके मन में एक ही बात है...मैं इतनी शान-शौकत से रहता हूँ, लेकिन आप लोगों को पैसा क्यों नहीं देता ? और मेरे भी मन में एक बात है...आप लोगों को पैसा दूँ, रुपयों से पाट दूँ। लेकिन मेरे पास पैसा है कहाँ ? जो कुछ ठाठ-बाट आप देख रहे हैं...सब पैसा इसमें खर्च कर चुका हूँ, लेकिन मेरा यह ठाठ-बाट, मेरा यह रहन-सहन...यही तो मेरी पूँजी है। इसी पूँजी के बल पर मैं रुपया पैदा कर सकता हूँ जो आप लोगों को चाहिए।''

और किशन का स्वर कोमल पड़ा। उसके मुख पर एक मुस्कराहट आई, ''मैं वादा करता हूँ कि मैं आपके पास बम्बई जाकर दो-तीन महीने के बाद ही रुपया भेजूँगा।'' और यह कहकर वह बाहर चला गया।

8

किशन आया और किशन चला गया। ममता-भावना...इस सबका अभाव था उसमें, केशव ने अनुभव किया; या फिर वह किशन की ममता और भावना का रूप नहीं समझ पाया। और फिर यह ममता, यह भावना...इनका असली रूप ही क्या है ?

बच्चा जन्म लेता है...वह अपने माता-पिता से लाड़ पाता है। उसका लालन-पालन होता है, वह पढ़ता-लिखता है, यह सब अपने माता-पिता की सहायता से। वह अपने माता-पिता से प्राप्त ही करता है, उन्हें देता कुछ नहीं। इसके यह अर्थ नहीं कि वह किसी को भी कुछ नहीं देता है। उसका विवाह होता है, उसके बच्चे होते हैं, और वह अपने बच्चों को देना आरम्भ करता है। वर्तमान पीढ़ी अपनी अगली पीढ़ी को अपना सब कुछ देकर बनाती है...भविष्य अगली पीढ़ी का है। पिछली पीढ़ी के पास तो केवल अतीत है...अतीत मृत्यु का दूसरा नाम है। यही सृजन का क्रम है...यही कुरूप और कटु सत्य है।

उसको किशन से कोई शिकायत नहीं होनी चाहिए...दुनिया में जो कुछ है वह पैसा है और किशन उस पैसे को प्राप्त करना चाहता है, देना नहीं चाहता। किशन आगे बढ़ना चाहता है, उसमें उल्लास है, उसमें उमंग है, उसमें महत्त्वाकांक्षा है। और वही किशन का बड़ा भाई मोहन भी तो है; दबा हुआ, टूटा हुआ, उत्साहहीन। इस मोहन में भी कभी उत्साह-उमंग थे, इस मोहन में भी कभी महत्त्वाकांक्षाएँ थीं। लेकिन मोहन को परिस्थितियाँ अनुकूल

नहीं मिलीं, वर्तमान परिस्थितियों से विद्रोह करने का साहस उसमें नहीं था; वह परम्पराओं का अनुयायी था। मोहन में एक प्रकार की कायरता थी, लेकिन यही कायरता तो समाज को बाँधे हुए है...बिना नियम और प्रतिबन्ध के तो समाज में अराजकता फैल जाएगी, समाज नष्ट-भ्रष्ट हो जाएगा।

घुटकर, तिल-तिल मिटकर कायरता से भरा यह मध्यवर्ग समाज को कायम रखे हुए है। जो साहसी हैं...वे या तो बहुत ऊपर उठकर अपना एक अलग समाज बना लेते हैं और अपनी सम्पन्नता के बल पर मध्यवर्ग पर शासन करते हैं, या फिर वे तत्काल ही नष्ट हो जाते हैं। किशन दूसरी कोटि का साहसी व्यक्ति है। वह अपने जीवन की बाज़ी लगा सकता है, वह यथार्थ का सहारा छोड़कर कल्पना के वातावरण में रहने का दुःसाहस कर सकता है। अगर यह न होता तो वह बम्बई चला गया होता ? केशव ने इस बार उसके विवाह का प्रस्ताव रखा था लेकिन किशन ने इनकार कर दिया था। विवाह करना, परिवार को एकत्रित करना...इनके साथ ही देने का क्रम आरम्भ हो जाता है। आदमी अकेला तो लड़ सकता है, लेकिन आश्रितों का दल लेकर परिस्थितियों से लड़ना उसके लिए असम्भव है।

मोहन का ही उदाहरण था उसके सामने, जब उसकी नौकरी छूटी तब वह डेढ़ सौ रुपया महीना पाता था। एक साल की बेकारी ने उसे तोड़ दिया। न जाने कितना भटका...न जाने कितना लड़ा, लेकिन उसे हारना पड़ा। मई के प्रथम सप्ताह में उसे सौ रुपये महीने की नौकरी स्वीकार करने को विवश होना पड़ा। आम तौर से आदमी की तनख्वाह बढ़ती है, वह उन्नति करता है; लेकिन मोहन की अवनति हुई...और इस अवनति को उसे स्वीकार करना पड़ा क्योंकि उसके इर्द-गिर्द आश्रितों का एक समूह था।

उन आश्रितों में माया थी जिसका विवाह होना था। माया बी.ए. में पास हो गई, वह एम.ए. में पढ़ना चाहती थी। पन्द्रह रुपया महीना फीस थी एम.ए. की, और किताबें...करीब दो सौ रुपयों की किताबें खरीदनी थीं उसके लिए। दस रुपया महीना उस बस का किराया था जिसमें बैठकर माया अपने कॉलेज जाती थी। फिर एम.ए. पास करके ही क्या हो जाएगा। माया का विवाह तो करना ही होगा उसे।

माया की अवस्था उन्नीस साल की थी, यौवन पूर्ण रूप से आ गया था

उसके ऊपर। उसका रंग बहुत गोरा तो नहीं था, लेकिन वह सुन्दरी थी। मुहल्ले-पड़ोस के युवक किन नज़रों से उसे ताकते थे, केशव को इसका पता था। माया हृष्ट-पुष्ट थी, उसमें साहस का अभाव नहीं था। इंजीनियर सिंह के शोहदे लड़के की माया ने बीच चौराहे चप्पलों से मरम्मत की थी...उस पर हँगामा-सा मच गया था। अस्थाना साहब के लड़के चन्द्रप्रकाश ने माया की बदनामी करनी चाही क्योंकि माया कॉलेज के कार्यक्रमों में बिना किसी हिचक के भाग लेती थी। वह अच्छा गाती थी, अच्छा अभिनय करती थी।

माया का विवाह जल्दी-से-जल्दी करना चाहिए...माधुरी का यह आग्रह था। मोहन भी माया को लेकर मुहल्ले-पड़ोस में जो बातें होती थीं उनसे परेशान था। सबसे बड़ी बात यह कि माया की एम.ए. की पढ़ाई का खर्चा परिवार नहीं उठा सकता था। माया की पढ़ाई छूट गई।

माया के लिए वर की तलाश होने लगी, लेकिन माया के योग्य अच्छे वर को लम्बा दहेज़ भी चाहिए था। जहाँ भी बातचीत होती थी, आठ-दस हज़ार की माँग की जाती थी, और केशव को निराश लौट आना पड़ता था।

बड़ी मुसीबत से पिता-पुत्र ने मिलकर दो हज़ार रुपये इकट्ठे किए थे। रमेश ने वादा किया था कि माया के विवाह के अवसर पर वह जिस तरह हो दो हज़ार रुपये की सहायता कर देगा। लेकिन चार हज़ार से भला कहीं माया का विवाह हो सकता था ?

करीब एक साल हो गया केशवचन्द्र को माया के लिए वर की तलाश करते, लेकिन कहीं भी उसे सफलता नहीं मिली। वर की तलाश में दौड़-धूप करने में उसे काफी खर्च करना पड़ा। वह प्रतीक्षा कर रहा था कि किशन उसे रुपया भेजे। उसने किशन को न जाने कितने पत्र भी लिखे। लेकिन वह हर दफे कुछ-न-कुछ बहाना बना देता था।

माया की सहेली रानी का पिता जीवनराम पिछले महीने बम्बई गया था...जीवनराम का भतीजा बम्बई में ही था, किसी ऑफिस में नौकर। और जीवनराम ने बम्बई से लौटकर केशव को बतलाया था कि किशन बहुत अच्छी तरह है। पाँच हज़ार रुपया पगड़ी देकर उसने बान्द्रा में एक शानदार फ्लैट लिया है। दो-तीन हज़ार का शानदार फर्नीचर उसने खरीद लिया है, एक कार खरीदने की सोच रहा है।

मगर इस खबर को सुनकर केशव को प्रसन्नता नहीं हुई। अगर दो-तीन हज़ार रुपये भी किशन ने भेज दिए होते तो माया के विवाह की समस्या हल करने में उसे बड़ी सहायता मिलती। कितनी कटुता भर गई थी केशव में यह खबर सुनकर। उसने माधुरी को यह बतलाया...माधुरी ने यह खबर सुनकर केवल इतना कहा था, "वह इतनी अच्छी तरह है...भगवान को धन्यवाद ! अभी नादान है...तुम चिट्ठी लिखो...कहना कि माया का विवाह करना है, जल्दी से वह रुपया भेजे। और मैं कहती हूँ कि वह रुपये जरूर-जरूर भेजेगा...मैं अपने किशन को अच्छी तरह जानती हूँ।"

अपनी पत्नी की सलाह मानकर केशव ने किशन को चिट्ठी लिखी थी... और एक हफ्ते के अन्दर उसका उत्तर भी मिल गया था उसे। किशन का कहना था कि माया के विवाह की इतनी जल्दी क्या है, अगले साल उसका विवाह किया जा सकता है। उसने जितना भी खर्च किया है वह सब फिल्म-इंडस्ट्री में अपना पैर जमाने के लिए किया है। इस सब में उस पर तीन हज़ार का कर्ज़ हो गया है जिसे अदा करने में उसे करीब एक साल लग जाएगा। अगले साल वह इस स्थिति में होगा कि वह रुपया भेज सके।

उस साल होली में किशन नहीं आया...माधुरी ने उसकी बड़ी प्रतीक्षा की थी। और इस प्रकार दिन बीतते गए, कशमकश में, संघर्ष में और कुंठा में। किशन के वास्ते जैसे परिवार का कोई अस्तित्व ही न था। वह अपने परिवार से, अपने समाज से अपने को हटा रहा था। और उसका परिवार और समाज उसे अपने में बाँधे रखने का प्रयत्न कर रहा था।

केशव को अपने भाइयों की याद है, उन्होंने भी तो यही किया था। रमेश अपने परिवार और अपने समाज से अलग हो गया। उसने अलग ही अपना परिवार और समाज बना लिया और सुरेश को उसके परिवार और समाज ने अलग कर दिया। एक ऊपर चढ़ा, एक नीचे गिरा। परिवार और समाज ऊँचे चढ़नेवाले को रोक नहीं सका, नीचे गिरनेवाले को बचा नहीं सका। केशव के प्राणों में एक प्रकार की थकावट-सी भरती जा रही थी। जहाँ तक उसकी आर्थिक-स्थिति का प्रश्न था, वह बुरी नहीं थी। मोहन को सौ रुपये महीने मिल रहे थे, उसकी तनख्वाह डेढ़ सौ रुपये महीने थी। इस सब में घर का खर्च अच्छी तरह चल सकता था। उसे चिन्ता थी भविष्य की, उस

भविष्य की जिसे वह समझता था कि वह जानता है, लेकिन जिसका पता किसी को नहीं है।

अप्रैल का दूसरा सप्ताह था, मई और जून...इन दो महीनों में अगर माया का विवाह हो गया तो ठीक, नहीं तो एक वर्ष और माया का विवाह टल जाएगा। उस दिन सुबह के समय वह माधुरी से परामर्श कर रहा था कि उस दिन डाक आई। माधुरी रसोईघर में चली गई और केशव उस दिन की चिट्ठियों को देखने लगा। एकाएक माधुरी को केशव की आवाज़ सुनाई दी, ''अरे ज़रा सुनना ! सुधा की चिट्ठी आई है।''

माधुरी ने वहीं से आवाज़ दी, ''ठीक तरह तो हैं सब लोग ! क्या कोई खास बात है ?''

''खास बात है, तभी तो बुलाया है। माया के विवाह की बात है, यहाँ आओ न।''

माधुरी जल्दी-जल्दी अपने कमरे में गई। माया भी उस समय रसोई में बैठी थी। अपनी माता के पीछे-पीछे वह भी चली और कमरे के बाहर कान लगाकर खड़ी हो गई।

माधुरी के कमरे में आते ही केशव ने कहा, ''सुधा ने लिखा है कि उसका एक दूर का भतीजा लगता है...इलाहाबाद में डॉक्टर है। प्रैक्टिस अच्छी चलती है, तीन-चार सौ रुपये महीने की आमदनी है। अभी छह महीने हुए उसकी पत्नी मर गई। सुधा ने माया की बातचीत उसके साथ चलाई है।''

माधुने ने पूछा, ''वह तो ठीक है, लेकिन उसकी उम्र क्या होगी ?''

केशव ने एक बार सुधा के पत्र को फिर देखा, ''उम्र अभी बहुत नहीं है, यही कोई सत्ताईस-अट्ठाईस साल की है। लेकिन माया की उम्र भी तो उन्नीस-बीस साल की होने को आई है। हाँ, एक खराबी ज़रूर है। उसके तीन बच्चे हैं ! तो माया भी तो भरे-पूरे घर की लड़की है, बच्चों को सँभाल सकती है।''

''न भाई, एक तो लड़का दुहाजू, फिर उसके तीन बच्चे। सौत के बच्चों को सँभालना बड़ा मुश्किल होता है, बदनामी ही हाथ लगती है। माया के लिए कोई दूसरा लड़का ढूँढ़ो। और भी तो लड़के हैं।''

कुछ खीज के साथ केशव ने कहा, ''मुझे तो इसमें कोई हर्ज नहीं दिखता। तीन-चार सौ रुपया महीना की आमदनी है, डॉक्टर है, इलाहाबाद में अपना निजी मकान है। दो साल से लड़कों की तलाश कर रहा हूँ, जहाँ जाओ, आठ-दस हज़ार रुपया माँगते हैं...यानी रुपये बरसते हैं मानो। इस लड़के की कोई माँग नहीं है; पढ़ी-लिखी, सुशील और सुन्दर लड़की चाहिए, तो माया में वे सब गुण मौजूद हैं। तुम्हीं सोचकर देखो। लेन-देन की चिन्ता नहीं करनी पड़ेगी।''

माधुरी बोली, ''फिर भी कुछ खर्च तो होगा ही, लड़की को खाली हाथ कैसे विदा कर दोगे ?''

''हाँ, हाँ...ढाई तीन हज़ार तो गिरी हालत में भी खर्च होगा। इतने रुपयों का इन्तज़ाम मैं कर लूँगा। चौदह-पन्द्रह सौ रुपये मेरे पास हैं, हज़ार रुपया रमेश ने देने को कहा है...हज़ार-पाँच सौ रुपयों का कर्ज ले लूँगा।''

इतना सब सुनकर भी माधुरी का मन नहीं भरा। पहली ही लड़की का विवाह एक दुहाजू के साथ कर दिया...लोग क्या कहेंगे ? फिर लड़की पढ़ी-लिखी है और सुन्दर है। उसने दबी ज़बान से कहा, ''न जाने क्यों, मेरा मन नहीं मानता। ज़रा सोच-विचारकर जवाब देना चाहिए, आप और दो-चार जगह बात कर लीजिए। वह रामसहाय का लड़का, इस साल वकालत शुरू की है, और वह प्यारेलाल का लड़का, उसने भी तो डॉक्टरी पास की है। वहाँ क्यों नहीं बात कर लेते...अरे पाँच-छह हज़ार पर राज़ी हो जाएँ तो बहुत अच्छा...जहाँ हज़ार-पाँच सौ कर्ज़ लोगे वहाँ तीन-चार हज़ार कर्ज़ ले लेना। किशन ने मुझे लिखा है कि माया की शादी के लिए वह जिस तरह भी हो कुछ रुपय ज़रूर भेजेगा।''

उदास स्वर में केशव ने कहा, ''किशन से किसी तरह की उम्मीद मत करो मधो, सब कुछ मुझे ही करना होगा। फिर इस मामले में अब सोचने-विचारने का समय भी नहीं है, सुधा ने लौटती डाक से जवाब माँगा है। उस लड़के की शादी एक जगह करीब-करीब तय हो चुकी है।''

माया इस बातचीत को बड़े ध्यान से सुन रही थी और उसके अन्दर ही अन्दर एक तरह कर विद्रोह भड़कता जा रहा था। वह विद्रोह अब विस्फोट की हालत में आ गया था। माया में साहस का अभाव नहीं था, लेकिन अपने

माता-पिता और अपने परिवार के प्रति अभी तक वह प्राचीन परम्परा को ही निभाती आई थी। इन प्राचीन परम्पराओं को तो टूटना ही है, कभी-न-कभी, और माया ने यह अनुभव किया कि अब समय आ गया है जब वह उन प्राचीन परम्पराओं को तोड़े।

इसके पहले कि माधुरी केशव को कुछ जवाब देती, उसने देखा कि माया तेज़ी के साथ कमरे में प्रवेश कर रही है। एक अजीब आशंका और भय से उसका मन काँप-सा रहा था। माया ने आते ही केशव से कहा, ‘‘बाबूजी, उस लड़के की शादी जहाँ तय हो रही है वहाँ तय हो जाने दीजिए, मैं विवाह नहीं करूँगी !’’

माया की बात सुनकर केशव स्तब्ध-सा रह गया, कुछ देर तक वह एकटक माया को देखता रहा फिर एकाएक ज़ोर से चीख पड़ा, ‘‘मधो ! मधो !! यह मैं क्या सुन रहा हूँ ? क्या यह माया ही है जो इस तरह बात कर रही है ? क्यों री चुड़ैल...यह क्या कह रही है ?’’

मध्यवर्ग का आदमी चीखता है, चिल्लाता है क्योंकि वह कायर है, सिवा चीखने-चिल्लाने के उसके पास और कुछ है नहीं। उस चीख और चिल्लाहट के अस्त्र से ही वह शासन कर सकता है। पर केशव ने देखा कि उसका यह अस्त्र बेकार-सा हो रहा है। माया ने दृढ़ स्वर में उत्तर दिया, ‘‘जो कुछ मैं कह रही हूँ वह ठीक है बाबूजी। आपने मुझे पढ़ा-लिखाकर मनुष्य बनाया है तो मेरे साथ आप मनुष्यता का व्यवहार कीजिए। मैं जानवर नहीं हूँ, जिसके साथ चाहा उसके साथ मुझे बाँध दिया। मैं सम्पत्ति नहीं हूँ कि जिसे चाहा उसे दे दिया। मुझमें भी भावना है, मुझमें भी व्यक्तित्व है। मैं अपना हित-अहित समझ सकती हूँ।’’

केशव ने अपने अस्त्र का फिर प्रयोग किया, ‘‘माया, ज़बान सँभालकर बात करो, नहीं तो मैं तुम्हारी जीभ खींच लूँगा।’’

‘‘आप मेरे प्राण ले लीजिए, आपको पूरा अधिकार है क्योंकि आपने मुझे जन्म दिया है, लेकिन जो न्याय की बात है, जो सत्य है उसे कहने से आप मुझे रोक नहीं सकते। मैं अनुचित बात नहीं कह रही हूँ। मुझे विवाह नहीं करना...अन्तिम बार मैं यह कहे देती हूँ।’’

अब माधुरी बोली, ‘‘क्यों माया, क्या यह लड़का तुझे पसन्द है, मैं तो

खुद ही इस विवाह के पक्ष में नहीं थी।''

माया अब रो पड़ी, ''अम्मा, मुझे विवाह नहीं करना है। देख तो रही हूँ तुम्हारी हालत, भौजी की हालत, बुआजी की हालत ! विवाह का अर्थ है स्त्री को नरक में ढकेल देना। और इस नरक में आप लोग मुझे नहीं ढकेल सकते...मर जाना मैं उस नरक में पड़ने की अपेक्षा ज़्यादा पसन्द करूँगी।'' और माया की हिचकियाँ बँध गईं, रोती हुई वह कमरे के बाहर चली गई।

माधुरी भी अपनी लड़की के पीछे हो ली, उसे शान्त कराने के लिए। केशव कमरे में अकेला रह गया। उसका अस्त्र व्यर्थ गया था...अपनी लड़की से ही वह पराजित हुआ था। उसने घड़ी देखी...दफ्तर जाने का समय हो रहा था। उसने जल्दी-जल्दी कपड़े बदले और अपने दफ्तर की ओर रवाना हो गया, बिना भोजन किए हुए, बिना किसी को कुछ बताए हुए।

माधुरी ने उसके कदमों की आवाज़ सुनी थी, वह दौड़कर आई, यह कहते हुए, ''खाना तो खा लो, तैयार है।'' लेकिन केशव ने जैसे उसकी बात सुनी नहीं, उसने मुड़कर पीछे देखा भी नहीं।

उस दिन बच्चों को छोड़कर घर में किसी ने भोजन नहीं किया। मोहन सुबह आठ बजे ही अपने दफ्तर में चला गया था...उसकी छुट्टी चार बजे होती थी, दोपहर का खाना वह अपने दफ्तर में ही ले जाया करता था। सुशीला घर में इस कांड से बुरी तरह घबरा गई थी। माया अपना कमरा बन्द करके रो रही थी और माधुरी अपने भाग्य को कोस रही थी।

उस दिन केशव का मन अपने काम में नहीं लगा, दिनभर गुमसुम वह अपने स्थान पर बैठा रहा। दफ्तरवालों ने उससे पूछा भी, ''बड़े बाबू, क्या बात है, आज आप बड़े उदास हैं ?'' और केशव ने इसके उत्तर में केवल इतना कहा, ''तबीयत कुछ भारी सी है, वैसे कोई खास बात नहीं है।'' इस पर लोगों ने जाकर आराम करने की सलाह दी।

लोगों से वह कैसे कहे कि वह घर से भागकर आया है और वह घर नहीं लौटना चाहता। उसका दिमाग जल रहा था, यह सब क्या हो रहा है... उसकी समझ में नहीं आ रहा। उसने सुधा को चिट्ठी लिख दी कि वह माया का विवाह इस वर्ष नहीं करेगा। अपनी सगी बहन से भी वह अपनी मनोदशा बतला नहीं सकता था। और एक बजे के करीब उसे बड़े ज़ोर से भूख लगी।

शरीर तो अपना धर्म नहीं छोड़ सकता। दफ्तर से उसने आधे दिन की छुट्टी ले ली।

जब वह घर वापस लौटा, दो बज रहे थे। घर आकर उसे पता चला कि आज घर में किसी ने खाना नहीं खाया; एक अजीब तरह की उदासी के वातावरण से सारा घर भरा हुआ है। माधुरी से उसने कहा, ''मैं अगर गुस्से में चला गया तो तुम लोगों को तो खाना बना लेना चाहिए था। मैं नाराज़ भी नहीं हो सकता ! अब जब घर वापस आया हूँ, भूखा और थका हुआ तो यहाँ रसोई ठंडी पड़ी हुई है। चलो, खाना बनाओ चलकर।''

9

माया ने विवाह करने से इनकार कर दिया...विवाह नहीं करेगी तो क्या करेगी ? हरेक मध्यवर्ग का आदमी अपनी लड़की का विवाह करने की बात सोचता है, लेकिन लड़की का विवाह करने में मध्यवर्ग वाले व्यक्ति को अत्यधिक कठिनाइयों का सामना करना पड़ता है। मध्यवर्ग वाले के लिए सम्पत्ति का अभाव है, लेकिन उसमें सम्पत्ति का मोह है। उच्च वर्ग का आदमी सम्पन्न है, भरा-पूरा है; और वहाँ लड़की के विवाह के लिए रुपयों का प्रश्न नहीं उठता। निम्न वर्ग वालों के लिए सम्पत्ति का अभाव तो है, लेकिन उनमें सम्पत्ति का मोह नहीं है। वहाँ पैसों की माँग नहीं है।

केशव जानता है कि न जाने कितनी मध्यवर्ग की लड़कियाँ अविवाहित बैठी हैं क्योंकि उनके माता-पिता लड़की का दहेज नहीं जुटा सकते। समाज अपनी कठिनाइयों का हल स्वयं निकाल लिया करता है। निम्न वर्ग की स्त्रियाँ मेहनत करती हैं, मज़दूरी करती हैं। मध्यवर्ग में शारीरिक श्रम उपेक्षा की दृष्टि से देखा जा सकता है; और मध्यवर्ग की लड़कियों को शिक्षा मिलने लगी है। कॉलेज की उच्च शिक्षा का ध्येय ही क्या हो सकता है ? धन का उपार्जन ही तो लड़कियों की उच्च शिक्षा का ध्येय हो सकता है...पर व्यक्ति इस ध्येय को स्वीकार करने से इनकार करता है। स्त्री-शिक्षा का एकमात्र सामाजिक पहलू स्वावलम्बन का होता है...पर इस स्वावलम्बन के पहलू को अवगत और अचेतन अवस्था में ही व्यक्ति स्वीकार करता है, परम्परा के बन्धनों से जकड़ा हुआ पुरुष स्त्री को स्वावलम्बी देखना नहीं चाहता;

अवलम्ब देना तो पुरुष का काम है।

माया ने विवाह करने से इनकार किया। वह दूसरों पर भार नहीं बनना चाहती। तो फिर माया करेगी क्या ? सामाजिक मान्यताएँ बदल रही हैं, समाज का गठन बदल रहा है। केशव के नाते-रिश्तेदारों में दो लड़कियों का विवाह नहीं हुआ; वे अध्यापिकाएँ हैं। उनमें से एक के चरित्र पर लांछन भी लगा है, अपनी नौकरी कायम रखने के लिए या उसमें उन्नति करने के लिए उसे अपनी इज़्ज़त बेचनी पड़ी। जिसे हम स्वावलम्बन कहते हैं; आखिर उसका रूप क्या है ? पैसे का उपार्जन। मेहनत से यह पैसा पैदा किया जाता है। लेकिन मेहनत का उचित मूल्य कहाँ मिलता है ? जहाँ तक स्त्री का प्रश्न है, वहाँ उसे अपने श्रम बेचने के साथ-साथ अपनी इज़्ज़त भी बेचनी पड़ती है, इस स्वावलम्बन के लिए। और केशव काँप उठा था इस अनुमान से कि उसकी लड़की जो मार्ग अपना रही है, उसमें शायद उसे अपनी इज़्ज़त बेचनी पड़े।

माया ने कहा था, 'मैं जानवर नहीं हूँ कि जिसके साथ चाहा बाँध दिया, मैं सम्पत्ति नहीं हूँ जिसे चाहा उसे दे दिया।' और शायद माया ने गलत नहीं कहा था। समाज में जिस तरह लड़की का विवाह किया जाता है, वह लड़की के साथ अन्याय है। स्त्री को ज़बर्दस्ती एक पुरुष का आश्रय पाने के लिए उस पुरुष के हाथ सौंप दिया जाए, और इस आश्रय के बदले स्त्री को पुरुष की गुलामी करनी पड़े, उसका घर चलाना पड़े, उसके बच्चे पैदा करने पड़ें ! लेकिन घर किसका ? घर बिना स्त्री के नहीं बनता, घर का सृजन स्त्री ही करती है, बच्चों को जन्म स्त्री ही देती है। स्त्री ममता है, सृष्टि है। आश्रय पाने के लिए उत्सुक रहती है। पुरुष को स्त्री के इशारे पर चलना पड़ता है, स्त्री के बनाए हुए घर को कायम रखना पड़ता है उसे।

लेकिन केशव इन सब बारीकियों को ठीक तौर से नहीं पकड़ पाता, कभी उसे एक बात सच लगती है, कभी दूसरी बात सच लगती है। लेकिन ज़िन्दगी यह सोचना-विचारना तो नहीं है, ज़िन्दगी अपनी प्रवृत्तियों के अनुसार कर्म करते जाना है। माया क्या करेगी...माया का भविष्य क्या होगा ? इसका निर्णय उसको करना होगा और उसने यह अनुभव किया कि निर्णय करने की क्षमता उसमें है ही नहीं, वह इस युग का आदमी नहीं है,

वर्तमान के रूप को वह ठीक तौर से नहीं देख पाता।

चार-पाँच दिन तक केशव पागल की तरह इस सब बात पर सोचता रहा। उसका घर उसे काटने दौड़ता था। रोज़ सुबह दफ्तर के लिए दस बजे निकल जाता था और रात के नौ-दस बजे घर वापस लौटता था। इन चार-पाँच दिनों में वह मोहन से भी नहीं मिला। और पाँचवें दिन दफ्तर से चलने के पहले उसे ख़याल आया कि इस सम्बन्ध में क्यों न मोहन से बातचीत की जाए। आखिर मोहन सयाना हो चुका है, नौकरी कर रहा है, उसे मोहन से ही सहारा मिल सकता है। केशव ने घर लौटकर कपड़े बदले, फिर उसने आवाज़ दी, ''मोहन ! मोहन कहाँ है बहू ?''

सुशीला अपने कमरे से निकली, ''कमरे में लेटे हैं...आज दफ्तर से लौटकर कहने लगे कि उन्हें बुखार मालूम हो रहा है, और बिना नाश्ता किए ही लेट गए। मैंने शरीर देखा, शरीर जल रहा है।''

माधुरी पास ही खड़ी थी, उसने कहा, ''बुखार आ गया, तुमने मुझे क्यों नहीं बतलाया, बहू ?''

सुशीला ने कहा, ''मैं क्या बतलाती आपको अम्माजी...घर ही हालत तो देख रही हूँ। इधर चार-पाँच दिन से रोज़ शाम को कहते थे कि तबीयत कुछ भारी है। मैंने इतना कहा कि डॉक्टर को दिखा लो, लेकिन टालते रहे कि तबीयत आप ही आप ठीक हो जाएगी। आज दफ्तर में ही बुखार आ गया। कितने कमज़ोर हो गए हैं...रोज़ पाँच-छह मील साइकिल से जाते हैं और साइकिल से लौटते हैं...सुबह जो कुछ बनाकर देती हूँ दोपहर को खा लेते हैं।''

केशव सुन्न-सा रह गया यह सुनकर, उसने कहा, ''ज़रा मैं देखूँ...कितना बुखार है ?''

केशव, माधुरी और सुशीला साथ के कमरे में पहुँचे। मोहन बिस्तर पर चुपचाप लेटा था। केशव ने पहुँचते ही कहा, ''क्यों मोहन, कैसी तबीयत है ? क्या ऑफिस में ही बुखार आया ?''

मोहन ने आँखें खोलीं, कमज़ोर आवाज़ में उसने कहा, ''इधर तीन-चार दिन से तबीयत भारी-भारी-सी रहती थी, आज सुबह दफ्तर जाने का मन नहीं कर रहा था। दोपहर को खाना खाने के बाद बदन टूटने लगा था। यहाँ

आते-आते बुखार चढ़ आया। अभी थर्मामीटर से देखा था, एक सौ दो डिग्री बुखार है।''

केशव ने कहा, ''मैं कल सुबह डॉक्टर को बुलाऊँगा। तुम एक हफ्ते की छुट्टी क्यों नहीं ले लेते ?''

एक व्यंग्यात्मक मुस्कराहट के साथ मोहन बोला, ''छुट्टी ! छुट्टी देंगे वे लोग ? जानवर की तरह काम लेते हैं, अगर इतने दिन बेकार रहकर मैं निराश न हो गया होता तो क्या वहाँ काम करता ? न जाने कितनी बार सोचा कि यह नौकरी छोड़ दूँ, लेकिन फिर सोचा कि करूँगा क्या ?''

केशव ने कुछ सोचकर कहा, ''बेटा, जान है तो जहान है। लात मारो इस नौकरी को। अपनी तन्दुरुस्ती ठीक करो। जिस भगवान ने पैदा किया है वह हम लोगों का पेट भी भरेगा। मैं कल ही वहाँ खबर भिजवा दूँगा कि तुम अब नौकरी पर नहीं आओगे।''

''नहीं, आपको कहने की ज़रूरत नहीं है, मैं खुद कह दूँगा उनसे। और आप फिक्र मत कीजिए, दो-चार दिन में मैं खुद ही ठीक हो जाऊँगा, आराम की ज़रूरत थी, वह मजबूरन ही मिला।''

केशव माया के सम्बन्ध में मोहन से कोई बात नहीं कर पाया, एक दूसरी ही समस्या उसके सामने खड़ी हो गई थी। उसका मन हलका हो जाना चाहिए था...माया का तत्काल विवाह कर देने की स्थिति में वह नहीं था, और माया ने स्वयं विवाह करने से इनकार कर दिया था। पर एक अजीब तरह का भय वह अनुभव कर रहा था अपने अन्दर। कोई आशंका उसके अन्दर भर गई थी और उसे शान्ति न लेने दे रही थी। उस आशंका का क्या कारण है ? उस भय का स्रोत कहाँ है ? यही वह नहीं जान पा रहा था। भारी मन वह घर से बाहर भी तो नहीं निकल सकता था, अपने कमरे में वह चुपचाप बैठ गया। वह भगवान से प्रार्थना करने लग गया, लेकिन किस तरह प्रार्थना की जाती है, उसे इसका भी तो पता न था।

घर की आर्थिक अवस्था असन्तोषजनक नहीं थी, लेकिन वह सन्तोषजनक भी तो नहीं कही जा सकती थी। मोहन को अपनी इच्छा के विरुद्ध नौकरी करनी पड़ रही थी, इस अवस्था को सन्तोषजनक बनाए रखने के लिए। वह जानता था कि उस नौकरी में मोहन को बहुत अधिक मेहनत

करनी पड़ रही थी। उसका स्वास्थ्य कभी भी बहुत अच्छा नहीं रहा और इन दिनों वह काफी गिर गया था। रोज़ सुबह जल्दी-जल्दी अपनी साइकिल पर वह छह-सात मील का रास्ता तय करके अपने ऑफिस में पहुँचता था। उसका ऑफिस उसके मिल के कम्पाउंड में था, शोर और धुएँ से भरा हुआ। घर से वह पूड़ी या पराँठे बनवाकर ले जाता था दोपहर का भोजन करने के लिए। कच्चा खाना वह ले नहीं जा सकता था, छुआछूत का प्रश्न था न ! रोज़ शाम को थका-सा, टूटा-सा वह घर वापस आता था। उसे इतना समय ही नहीं मिलता था कि वह दोस्तों के पास जाकर हँस-खेल सके, अपना मन बहला सके। और यह सब मोहन को करना पड़ता था, घर की आर्थिक अवस्था को सन्तोषजनक बनाए रखने के लिए उसके शरीर में बल भले ही न रहा हो, उसके प्राणों में तो बल अवश्य था।

क्या वह वास्तव में प्राणों का बल था ? सुशीला इस बात को अधिक अच्छी तरह जानती थी। वह प्राणों का बल नहीं था, वह मोहन के अन्दरवाली कायरता थी जिसने अपने को छिपाने के लिए ज़िद का रूप धारण कर लिया था। सुशीला ने न जाने कितनी बार मोहन से आग्रह किया कि वह नौकरी छोड़ दे, लेकिन मोहन ने उसकी बात न मानी। सुशीला मोहन के स्वास्थ्य के सम्बन्ध में अत्यधिक चिन्तित थी। केशव के जाने के बाद सुशीला ने मोहन से कहा, ''बाबूजी भी कहते हैं कि यह नौकरी छोड़ दो और आराम करो।''

कुछ झुँझलाहट के साथ मोहन बोला, ''नौकरी कैसे छोड़ दूँ ? तुम घर की हालत तो देख ही रही हो। माया का विवाह करना है...उसका दहेज़ जुटाना है, अकेले बाबूजी के वश का तो यह काम नहीं है।''

सुशीला के मन में जो बात थी उसे कहने का यह मौका है या नहीं है, सुशीला यह नहीं समझ पा रही थी। मोहन की बात सुनकर उसने सोचा कि वह अपने मन की बात कह दे। उसने कुछ हिचकिचाते हुए कहा, ''कमला के स्कूल की प्रिंसिपल मिस चौधरी तीन-चार दिन हुए यहाँ आई थीं। उनके स्कूल में एक अध्यापिका की जगह खाली है। वह कहती थीं कि मैं वह नौकरी कर लूँ...एक सौ रुपया महीना तनख्वाह है।''

मोहन के चेहरे पर बल पड़ गए, उसने कुछ दबे स्वर में कहा, ''तो हालत

अब यह आ गई है कि तुम बाहर निकलकर नौकरी करो।''

सुशीला ने यह अनुभव नहीं किया कि मोहन के दबे हुए स्वर में विस्फोट के पहलेवाली घुटन है, उसने मोहन को समझाने का प्रयत्न किया, ''मैं कहती हूँ कि इसमें हर्ज ही क्या है ? आजकल स्त्रियाँ नौकरी करती हैं, रुपया कमाती हैं, आर्थिक संघर्ष में परिवार का हाथ बटाँती हैं। तुम अपनी नौकरी छोड़कर आराम करो...और इस बीच में कोई अच्छी नौकरी ढूँढ़ो। जब तुम अपनी आर्थिक दृष्टि से सुव्यवस्थित हो जाओगे तब मैं यह नौकरी छोड़ दूँगी।''

मोहन के स्वर में अब उत्तेजना के लक्षण दिखे, ''चुप रहो, चुप रहो।'' और फिर उसने छत की तरफ देखते हुए अपने हाथों को बाँधकर कहा, ''हे भगवान ! कौन-सा पाप किया है मैंने जो मुझे उसका इतना भयानक दंड दे रहे हो ?''

सुशीला ने अनुभव किया कि उसकी बात का उल्टा ही असर हुआ। उसने कहा, ''इतने नाराज़ मत हो। मैंने तो घर की हालत को देखकर ही यह बात कही थी। मिस चौधरी ने कहा था कि तुमसे पूछकर एक हफ्ते के अन्दर बतला दूँ, तब तक वह कोई नियुक्ति नहीं करेंगी। मैंने तो उनसे पहले ही मना कर दिया था।''

सुशीला की यह बात मोहन के अन्दरवाले विस्फोट को नहीं रोक सकी। वह बल लगाकर उठ बैठा, और चिल्ला पड़ा, ''तुम्हें नौकरी नहीं करनी, किसी हालत में नहीं करनी। जब मैं मर जाऊँ तब नौकरी करना।'' और एकाएक मोहन को बड़ी ज़ोर से खाँसी आई। यह खाँसी इतनी ज़ोर की उठी थी कि मोहन को कै हो गई, और यह कै खून की हुई।

सुशीला खून देखकर चीख-सी पड़ी, ''अरे खून ! यह कै के साथ खून निकला है।''

मोहन ने जब देखा, वह घबरा गया, ''खून...यह खून की कै... !''

सुशीला कमरे के बाहर भागी पुकारती हुई...अम्माजी ! बाबूजी... देखिए...देखिए, इन्हें क्या हुआ है ?''

केशव सुशीला की आवाज़ सुनकर उठ खड़ा हुआ, ''क्या हुआ बहू... इतनी घबराई हुई क्यों हो ?''

''कमरे में तो आइए...हे भगवान ! यह क्या हो रहा है...आप लोग कमरे में चलिए। इन्हें खून की कै हुई है।''

केशव ने मोहन के कमरे में जाकर देखा, मोहन बेहोश-सा आँखें बन्द किए हुए लेटा था, अर्द्ध-मूर्छित-सा। केशव ने मोहन का हाथ पकड़ा, जला जा रहा था बुखार की तेज़ी से उसका हाथ। उसने माधुरी से कहा, ''मैं अभी डॉक्टर को लेकर आता हूँ।''

यह मोहन के भाग्य की बात है कि डॉक्टर चौधरी केशव को अपने घर पर ही मिल गए। डॉक्टर चौधरी उस मुहल्ले के विख्यात डॉक्टर थे। उनकी प्रैक्टिस अच्छी थी। डॉक्टर चौधरी ने आकर मोहन की परीक्षा की, फिर केशव के साथ कमरे के बाहर आए। कमरे के बाहर आकर केशव ने पूछा, ''डॉक्टर साहब, क्या बीमारी है इसे ?''

कुछ गम्भीर होकर डॉक्टर चौधरी ने उत्तर दिया, ''दाहिने फेफड़े में कुछ खराबी मालूम होती है...एक्स-रे लेना होगा। मैं ठीक-ठीक नहीं कह सकता कि खून फेफड़े से आया या गले से आया, लेकिन इतना तय है कि फेफड़ा खराब है। एक्स-रे लेने पर ठीक-ठीक पता चलेगा। यह नुस्खा लिखे देता हूँ, आज से ही इलाज शुरू कर दीजिए। वैसे घबराने की कोई बात नहीं। टी. बी. का इलाज अब निकल आया है, अच्छे हो जाएँगे यह। मेरी फीस पाँच रुपया है।''

केशव ने पाँच रुपये डॉक्टर चौधरी के हाथ में दे दिए। रुपये अपनी जेब में रखते हुए उन्होंने कहा, ''पीने की दवा इसी समय शुरू कर दो, कल सुबह मैं इंजेक्शन लगाने आऊँगा। सात दिन तक इंजेक्शन रोज़ लगेंगे।'' और डॉक्टर चौधरी वहाँ से चले गए।

पति-पत्नी एकटक थोड़ी देर तक एक-दूसरे को देखते रहे। उस मौन से घबराकर मानो केशव को कहना पड़ा, ''मधो ! राजरोग आ गया है घर में, भगवान ही मालिक है !''

सुशीला वहाँ आ गई थी। उसने कहा, ''बाबूजी, भगवान पर सब-कुछ छोड़ने से तो काम नहीं चलेगा। डॉक्टर साहब कह गए हैं कि इलाज से बीमारी अच्छी हो जाएगी, आदमी के हाथ में इलाज करना है।''

माधुरी को सुशीला का इस प्रकार बोलना अच्छा नहीं लगा, लेकिन उसने

सुशीला से कुछ नहीं कहा। वह अपने पति की ओर घूमी, ''जल्दी से दवा ले आओ जाकर, नहीं तो दुकानें बन्द हो जाएँगी। रुपया तो पास में है न ?''

केशव ने अपनी जेब देखी, उसके पास पच्चीस रुपये थे। उसने कहा, ''हाँ, पच्चीस रुपये हैं, काफी हैं। मैं अभी दवा लेकर आया,'' और सुशीला की ओर मुड़कर उसने कहा, ''बहू, कमरे में जाकर मोहन के पास बैठो।''

केशव दवा की दुकान में गया और उसने नुस्खा देकर पूछा, ''कितना दाम होगा दवाओं का ?''

दुकानदार ने हिसाब लगाकर बताया, ''अड़सठ रुपये बारह आने।''

केशव दवाओं का दाम सुनकर चौंक पड़ा, ''अड़सठ रुपये बारह आने ! बहुत महँगी हैं ये दवाएँ !''

दुकानदार मुस्कराया, ''इंजेक्शन बड़े कीमती हैं, अभी हाल में ही आए हैं विलायत से। टी.बी. की अकसीर दवा निकली है, दुनिया ने इलाज के मामले में बड़ी उन्नति कर ली है।''

दुकानदार की बात सुनकर केशव का मन हलका हुआ, मोहन बच सकता है। लेकिन रुपये तो उसकी जेब में कुल पच्चीस थे। उसने दुकानदार से कहा, ''आप दबा बनाइए, मैं ज़रा एक काम से जा रहा हूँ, आध घंटे में वापस लौटूँगा। तब तक तो दवा बन जाएगी।''

''अजी इसमें बनानेवाली कोई दवा नहीं है, सब पेटेंट दवाएँ हैं।'' फिर जैसे उसने केशव की स्थिति को ताड़ लिया हो, वह बोला, ''कोई बात नहीं, दवाएँ मैं निकलवाकर रखता हूँ...आप आधा घंटा बाद ले जाइएगा। देर मत कीजिएगा क्योंकि साढ़े आठ बजे हम लोग दुकान बन्द कर देते हैं।''

जल्दी-जल्दी केशव घर लौटा, माधुरी उस समय मोहन के पास बैठी थी। उसने माधुरी को बुलाया, ''सुनती हो, ज़रा यहाँ आना !''

माधुरी कमरे के बाहर आई, ''ले आए दवा ? मैं मोहन के पास बैठी थी। बुखार तो कुछ कम हो रहा है।''

उदास स्वर में केशव बोला, ''कहाँ से ले आता दवा...करीब सत्तर रुपये की दवाएँ हैं। उन्हें निकलवाकर रख आया हूँ...पचास रुपये की और जरूरत है। तुम्हारे पास तो होंगे, दे दो।''

माधुरी ने चुपचाप अपना सन्दूक खोला, उसने बड़ी मुश्किल से सौ रुपये

बचाकर अपने पास रखे थे, श्रावण में मथुरा जाने के लिए। और कोई मौका होता तो वह यह रुपया न देती, लेकिन उसके लड़के की बीमारी का मामला था। चुपके-से उसने पचास रुपये अपने पति के हाथ में रख दिए।

बड़ा महँगा इलाज था, दवाओं के दाम, डॉक्टर की फीस ! लेकिन इलाज तो होना ही था, और जैसा डॉक्टर ने कहा था, इलाज में फायदा भी बड़ी तेज़ी के साथ हुआ। एक हफ्ते के अन्दर ही बुखार उतर-सा गया...केवल शाम के समय हलका-सा बुखार हो आता था। लेकिन मोहन बिस्तर से लग गया था और बुरी तरह अशक्त हो गया था। दस दिन बाद एक्स-रे लिया गया...डॉक्टर ने उसे देखकर कहा, ''मैंने ठीक ही कहा था...दाहिने फेफड़े में असर है, बाएँ में भी कुछ-कुछ खराबी शुरू हो गई है। लेकिन कोई बात नहीं, दवा से फायदा हो रहा है। एकदम अच्छा कर देगी यह दवा। टी.बी. पर वश पा लिया है आधुनिक चिकित्सा शास्त्र ने।''

केशव के परिवार में टी.बी. का पुराना रोग है...केशव को इसका पता था। केशव की दादी की मृत्यु टी.बी. से हुई थी, केशव के चाचा को भी यही टी.बी...या जैसा उस समय इस रोग कर नाम था...तपेदिक खा गया था। उसके नाते-रिश्तेदारों में भी तपेदिक से न जाने कितनी मौतें हुई थीं। तपेदिक मौत का परवाना समझा जाता था, कोई इससे अच्छा नहीं हुआ था। उसने हिचकिचाते हुए कहा, ''डॉक्टर साहब, आप मुझे बहका तो नहीं रहे हैं... मोहन बिलकुल ठीक हो जाएगा न ?''

डॉक्टर ने उत्तर दिया, ''मैं आपको झूठी आशा नहीं दे रहा। आपने खुद ही देखा है कि कितना फायदा हुआ है इन्हें...दस दिन में, बुखार एक तरह से उतर गया है। हाँ, इसका स्थायी इलाज कुछ लम्बा होता है।''

''कितना समय लगेगा इसे पूरी तरह अच्छा होने में ?''

''गरमी शुरू हो गई हैं नहीं तो एक महीने में यह इतने अच्छे हो जाते कि चलने-फिरने और काम-काज करने लगते। अभी बीस दिन तक तो इस गरमी में यहाँ रह सकते हैं, तब तक तीस ग्राम इंजेक्शन इन्हें लग जाएँगे... इसके बाद साठ ग्राम इंजेक्शन इन्हें इनके पहाड़ से लौटने के बाद देने होंगे। उसके बाद मर्ज़ जड़ से अच्छा हो जाएगा...यह अपना काम-काज ठीक तरह से करने लगेंगे।''

केशव चौंक पड़ा, ''मोहन के पहाड़ से लौटने के बाद इसका इलाज होगा ! तो क्या इसे पहाड़ ले जाना होगा ?''

चलने की तैयारी करते हुए डॉक्टर ने कहा, ''वह तो बहुत ज़रूरी है। आज अप्रैल की बीस तारीख है, ज़्यादा-से-ज़्यादा दस-बारह मई तक यह यहाँ रह सकते हैं, इसके बाद लू और गरमी। तो मई और जून...डेढ़-दो महीना इन्हें पहाड़ पर ही बिताना चाहिए, आप दस-बारह मई तक इन्हें यहाँ से पहाड़ ले जाइए।''

दस दिन के इलाज में ही करीब दो सौ रुपये खर्च हो चुके थे, घबराकर उसने पूछा, ''डॉक्टर साहब, क्या बिना पहाड़ जाए काम नहीं चल सकता ?''

और डॉक्टर का स्वर निर्दयतापूर्वक कठोर हो गया, ''काम तो बिना ज़िन्दा रहे भी चल सकता है। लेकिन अगर इनका पूरा इलाज करके इनकी ज़िन्दगी बचाना चाहते हैं आप, तो इनका पहाड़ जाना ज़रूरी है। अगर पैसे का सवाल है तो वहाँ किसी सेनेटोरियम में इन्हें रख दीजिए, यद्यपि मैं इन्हें सेनेटोरियम में रखने की सलाह नहीं दूँगा।''

डॉक्टर चला गया, एक नई समस्या उत्पन्न करके। केशव की सामर्थ्य में यह नहीं था कि वह मोहन को अलग से प्रबन्ध करके पहाड़ पर रखे। उसने दो-तीन बार सोचा, और उसकी समझ में यही आया कि मोहन को सेनेटोरियम में रखना ही ठीक होगा। उसके दोस्तों ने, नाते-रिश्तेदारों ने भी उसे यही सलाह दी। डॉक्टर के ज़रिए से उसने सेनेटोरियम से लिखा-पढ़ी भी की। मोहन के पहाड़ जाने की तैयारियाँ होने लगीं। लेकिन इन सबसे सुशीला दुखी थी। उस दिन केशव की डॉक्टर से जो बातचीत हुई थी, सुशीला ने दरवाज़े से लगकर वह सुन ली थीं। डॉक्टर ने कहा था, 'मैं इन्हें सेनेटोरियम में रखने की सलाह नहीं दूँगा !' सुशीला के मन में आशा जाग गई थी...मोहन ही तो उसका सर्वस्व था; हर हालत में मोहन को अच्छा होना चाहिए। अपने श्वसुर की बातें वह सुनती थी...वह उसका विरोध करना चाहती थी लेकिन कर नहीं पाती थी लेकिन अन्त में उसने साहस किया, माधुरी के पास जाकर उसने कहा, ''अम्माजी, क्या इन्हें सेनेटोरियम में रखना ही तय किया है आप लोगों ने ?''

माधुरी ने दबी ज़बान से कहा, ''हाँ बहू, मोहन को सेनेटोरियम में ही

रखना पड़ेगा। कौन रहेगा मोहन के साथ उसकी देखभाल करने के लिए... फिर अलग से मकान लेकर रहने में खर्च भी तो बहुत ज़्यादा है...करीब डेढ़ हज़ार रुपये का खर्च समझो। इनके पास तो बैंक में कुल छह सौ रुपये रह गए हैं, चार-पाँच सौ रुपये तो अभी तक खर्च हो गए हैं ?''

हतप्रभ-सी सुशीला अपनी सास के सामने से चली गई। उसने अपना सन्दूक खोलकर अपने गहनों का बक्सा निकाला, माधुरी के सामने उसने अपने गहनों का बक्सा रख दिया जाकर और कुछ दृढ़ता के स्वर में बोली, ''अम्माजी, यह सेनेटोरियम में किसी हालत में नहीं रहेंगे। जहाँ तक इनके खर्च का सवाल है, यह मेरे गहनों का डिब्बा है। बाबूजी जो गहना चाहें बेच देंμमेरे पिताजी का कहना है कि पाँच-छह सौ के गहने दिए थे उन्होंने। फिर आप लोगों ने भी दिए हैं। आखिर ये गहने मुसीबत के समय के लिए ही हैं न !''

माधुरी सुशीला की भावना समझती थी। उसने कहा, ''लेकिन बहू... मोहन के साथ उसकी देखभाल करने के लिए वहाँ जाकर रहेगा कौन ? देखो, मैं उनसे बात करती हूँ जाकर। मोहन का सेनेटोरियम में रहना मुझे भी अच्छा नहीं लगता; लेकिन क्या करूँ, मजबूरी के कारण यह सब करना पड़ रहा है।''

10

केशव को सुशीला की ज़िद के सामने झुकना पड़ा था, मोहन के इलाज की ज़िम्मेदारी उसने अपने ऊपर ले ली थी। प्रश्न यह था कि मोहन के साथ पहाड़ जाएगा कौन ? अलग से घर लेकर वहाँ रहना, मोहन के इलाज का, उसकी सुख-सुविधा का पूरा प्रबन्ध करना, यह कौन करेगा ? अलमोड़ा सबसे उचित स्थान समझा गया था, नितान्त अनजानी जगह ! उसके मैनेजर अलमोड़ा में कुछ लोगों को जानते थे, उन्होंने वहाँ लिखा-पढ़ी करके बताया था कि चार सौ रुपये में सीज़न के लिए कोठी मिल जाएगी, कॉटेज का किराया पेशगी मँगवाया गया था। और इसके बाद वहाँ आने-जाने का खर्च, वहाँ की व्यवस्था करने का खर्च, वहाँ इलाज कराने का खर्च ! बाज़ार से सौदा कौन लाएगा ? डॉक्टर से दवा लेने कौन जाएगा ?

केशव ने मोहन के साथ जाने के लिए दफ्तर से छुट्टी माँगी लेकिन वह अनाज की खरीदारी का समय था...उसे छुट्टी नहीं मिली, हफ्ते-दो हफ्ते की छुट्टी किसी तरह मिल सकती थी, लेकिन डेढ़ महीने की छुट्टी का मिलना असम्भव था।

गहने के बक्से को अपने हाथ में लेकर उसने कहा, "हाँ, हज़ार रुपया तो मिल जाएगा इन गहनों को गिरवी रखकर, लेकिन सवाल यह है कि मोहन के साथ जाएगा कौन ? मैंने छुट्टी माँगी थी, तो वह नामंजूर हो गई। आठ-दस दिन की छुट्टी मिल सकती है, लेकिन उससे तो काम नहीं चलेगा।"

माधुरी भी बड़े चक्कर में थी, उसने कहा, "न हो तो किशन को तार

देकर बुला लो। वह बेचारा अपने भाई के लिए बड़ा चिन्तित है, तार पाते ही वह चला आएगा।''

किशन का नाम सुनते ही केशव झुँझला उठा, ''उस नालायक का नाम मत लो मेरे सामने।''

सुशीला माधुरी के पीछे-पीछे अपने श्वसुर के सामने आई थी। वह केशव के मुँह-दर-मुँह बात नहीं करती थी, लेकिन अब उसने कहा, ''किशन लाला को बुलाने की कोई जरूरत नहीं, अगर वह आए भी तो उन पर भरोसा नहीं किया जा सकता। आप इस सब की चिन्ता नहीं कीजिए। मैं इनके साथ जाऊँगी।''

''लेकिन तुम अकेली कैसे सब कुछ कर लोगी, बहू ?'' केशव ने पूछा।

और दृढ़ता के स्वर में सुशीला ने उत्तर दिया, ''मैं अकेली सब कुछ कर लूँगी...आप विश्वास रखिए। समय पड़ने पर स्त्री सब कुछ कर सकती है। इतनी शिक्षा पाई है मैंने, किस दिन के लिए ? आप मुझे एक हज़ार रुपये ला दीजिए, इसके बाद की सारी ज़िम्मेदारी मेरे ऊपर।''

केशव को याद हो आया कि उसने कभी पढ़ा था कि समय पड़ने पर स्त्री सब कुछ कर सकती है और उसे याद हो आया कि इस बात पर वह हँसा भी था। जिस समाज और जिस परम्परा में वह पला वहाँ स्त्री अपढ़ और असमर्थ और विवश होती थी। वहाँ स्त्री के अस्तित्व को स्वीकार ही नहीं किया जाता था। और केशव की समझ में नहीं आ रहा था कि स्त्री का भी एक सामाजिक अस्तित्व है जो पुरुष की भाँति ही महत्त्वपूर्ण है।

सुशीला मोहन को अपनी देखभाल में अलमोड़ा ले गई। हर हफ्ते सुशीला का पत्र आता था, उसकी सास के पास। मोहन का बुखार अलमोड़ा जाकर टूट गया और उसका वज़न बढ़ने लगा। सुशीला उसे अपने साथ घुमाने ले जाने लगी। मोहन के भी पत्र आने लगे अपने पिता के पास। मोहन के पत्रों में एक तरह का उत्साह रहता था, उसका स्वर बदल-सा गया था।

प्रायः दो महीना मोहन अलमोड़ा में रहा। सुशीला पानी की तरह रुपया खर्च कर रही थी मोहन के ऊपर...अच्छा-से-अच्छा कीमती भोजन वह मोहन को देती थी...और मोहन की हरेक सुविधा का वह ध्यान रखती थी। इस सबमें अनुमान से अधिक खर्च हुआ, और केशव को इस रुपये का प्रबन्ध

करना पड़ा। वह स्वयं अपने पुत्र को देखने के लिए अलमोड़ा जाना चाहता था, लेकिन वह रुपया जो वह अपनी यात्रा पर खर्च करना चाहता था, उसने सुशीला को भेज दिया।

घर का वातावरण कुछ अजीब तरह से धूमिल हो गया था। जिस दिन से माया ने अपना विवाह करने से इनकार किया था उस दिन से माया मानो अपने पिता के लिए त्याज्य हो गई थी। माया ने उचित किया अथवा अनुचित किया, केशव को इस पर ठंडे दिमाग से सोचने का मौका भी तो नहीं मिला। माया के प्रति एक प्रकार की कटुता की तरह केशव के अन्दर जम गई थी, उसे भड़कने का मौका नहीं मिला। उसे दूर होने का भी मौका नहीं मिला।

और जहाँ तक किशन का सवाल था, किशन एक तरह से उसके जीवन से दूर हट गया था। इस मध्यवर्ग के परिवार से न जाने कितने व्यक्ति टूटकर एक प्रकार के नवीन वर्ग का निर्माण कर रहे हैं, शायद अस्तित्व और प्रकृति का विधान ऐसा ही है; पर केशव की समझ में नहीं आ रहा था कि पुत्र की ममता, अपने परिवार के प्रति, उसका मोह कैसे एकबारगी ही लोप हो गया। उसने किशन को पाला-पोसा, उसने किशन को पढ़ाया-लिखाया। अपनी सामर्थ्य के बाहर उसने किशन पर खर्च किया और यह किशन कितना कृतघ्न निकला। उस संकट काल में वह उसका साथ छोड़ गया।

और क्या यह दृष्टिकोण आर्थिक नहीं है ? केशव के मन में यह प्रश्न उठ रहा था। किशन के प्रति उसकी जो भी कटुता थी उसकी जड़ में एकमात्र अर्थ था, जिस अर्थ की नींव पर सामाजिक वर्गों का निर्माण हुआ करता है। किशन में अपने परिवार को छोड़कर, अपने समाज को छोड़कर जो एक नवीन समाज में सम्मिलित होने की भावना जागृत हुई, क्या वह स्वयं में आर्थिक नहीं थी ?

उसका भी तो समस्त दृष्टिकोण आर्थिक था। आर्थिक सामर्थ्य और सम्पन्नता सफलता के द्योतक हैं, आर्थिक अभाव और घुटन असफलता के द्योतक हैं। जीवन के मूल में केवल एक चीज़ है...वह है अर्थ ! मोहन की बीमारी आर्थिक घुटन और अभाव की वजह से हुई, मोहन का इलाज इस अर्थ से हो रहा है। तपेदिक की बीमारी का लम्बा इलाज...इसके लिए भी अर्थ चाहिए।

सुशीला ने कितना आर्थिक त्याग किया मोहन के वास्ते ! केशव को पता भी नहीं चलता था, और वह अपने शेष गहने बेचकर मोहन का इलाज कर रही थी। न जाने कितने आदमी इलाज के अभाव में मर जाते हैं, कपड़े के अभाव में मर जाते हैं, भोजन के अभाव में मर जाते हैं। अर्थ में ही जीवन का अर्थ है...केशव मुस्करा पड़ा। जिसने भी रुपये-पैसे को अर्थ की संज्ञा दी हो, वह था बड़ा तत्त्व-ज्ञानी। अस्तित्व का अर्थ ही इस अर्थ में है।

बरसात आरम्भ हो गई और सुशीला को पहाड़ से मोहन को लेकर लौटना पड़ा। कुछ लोगों ने सलाह दी थी कि अगर मोहन अक्टूबर तक अलमोड़ा में रहे तो बहुत अच्छा हो। सुशीला इसके लिए तैयार भी थी, लेकिन डॉक्टर चौधरी का कहना था कि मोहन को वापस आ जाना चाहिए और यहाँ पूरा इलाज करवा लेना चाहिए। जुलाई के प्रथम सप्ताह में सुशीला मोहन को लेकर पहाड़ से वापस लौटी।

सुशीला ने केशव को लिख दिया था कि किस ट्रेन से वह वापस लौटेगी। केशव स्टेशन गया, मोहन को लेने के लिए। गाड़ी प्लेटफार्म पर रुकी...इंटर क्लास के एक डिब्बे के दरवाज़े के पास सुशीला खड़ी थी। केशव बढ़कर वहाँ पहुँचा। मोहन ने उतरकर अपने पिता के चरण छुए...और केशव ने अपने पुत्र को छाती से लगा लिया। मोहन पहचाना नहीं जा रहा था। उसका वज़न करीब तीस पौंड बढ़ गया था, उसके मुख पर स्वास्थ्य की लाली आ गई थी। उसने मोहन से कहा, ''तन्दुरुस्ती में तो काफी सुधार हुआ है।''

मोहन मुस्कराया, ''जी हाँ, पुराने कपड़े सब छोटे पड़ गए, नए कपड़े बनवाने पड़ेंगे। लेकिन अभी अन्दर से बहुत ताकत नहीं मालूम पड़ती...पहाड़ से उतरते ही गर्मी ने परेशान कर दिया।''

कितनी प्रसन्नता हुई थी परिवार को मोहन के लौटने पर। घर पहुँचकर मोहन बिस्तर पर लेट गया, सफर से थकावट हो जाती है, तो ज़रा आराम कर लूँ। भूख भी लगी है...उसने सुशीला की ओर देखा।

माधुरी उठ खड़ी हुई, ''बहू, क्या नाश्ता देती हो मोहन को ?''

''दो अंडे, दो टोस्ट, मक्खन और चाय।'' सुशीला भी उठ खड़ी हुई, ''मुन्ना भैया से मँगाए लेती हूँ।''

माया ने कहा, ''मैं अभी बाज़ार से लिए आती हूँ मक्खन का डब्बा,

डबल रोटी और अंडे...यहाँ तो मिलेंगे नहीं, दूर जाना होगा। अम्मा, कुल दो रुपये हैं मेरे पास। इतने में सब कुछ आ जाएगा। मैं अभी आध घंटे में सब कुछ लेकर लौटती हूँ। तब तक तुम बाबूजी का खाना बना लो, दफ्तर जाने का वक्त हो रहा है।''

इधर तीन महीने से केशव ने माया के मामलों में दखल देना बन्द कर दिया था। आज वह बोला, ''मैं लिए आता हूँ ये सब...लड़कियों का बाज़ार जाना अच्छा नहीं लगता। तुम सब लोग रसोईघर में चलो और मोहन को आराम करने दो।''

केशव बाज़ार चला गया और माधुरी माया के साथ रसोईघर की ओर चली गई। उस समय बादल घिर रहे थे और ऐसा लगता था कि ज़ोर की वर्षा होगी। मोहन को भला-चंगा देखकर माधुरी के मन में कितना सुख हुआ था। रसोईघर में पहुँचकर माधुरी ने माया से कहा, ''देख माया, बहू ने कितनी सेवा की मेरे मोहन की। उसकी ही हिम्मत थी कि मोहन की इतनी अच्छी देखभाल हुई।''

माया भी अपने भाई को स्वस्थ देखकर बहुत प्रसन्न थी। उसने कहा, ''हाँ अम्मा ! भौजी स्त्री नहीं, देवी हैं। बड़ी हिम्मतवाली हैं। उन्हीं की हिम्मत थी कि मोहन भैया उठ खड़े हुए।''

माधुरी ने माया को सीख देने का प्रयत्न किया, ''ठीक कहती है। देख माया, सुशीला की ही तरह सुगृहिणी और कुललक्ष्मी बनो... !''

माधुरी शायद कुछ और अधिक सीख देती, लेकिन माया ने उसकी बात वहीं काटी, ''मुझे नहीं बनना है सुगृहिणी और कुललक्ष्मी...यह भौजी को ही मुबारक हो ! भइया की तन्दुरुस्ती तो सँभली, लेकिन देखा भौजी को ? हड्डी का ढाँचा नज़र आती हैं, चेहरे पर हवाइयाँ उड़ रही हैं। मैं भौजी की तरह सुगृहिणी और लक्ष्मी बनने से बाज़ आई !''

माधुरी ने झुँझलाकर कहा, ''तेरी तो मति मारी गई है, सीधी-सादी बात भी नहीं समझती। भगवान जाने क्या बीतेगी आगे चलकर तुझ पर ! तुझे पढ़ाया-लिखाया था, बवाल ले लिया है सिर पर।''

माया हँस पड़ी, ''पढ़ना-लिखना बवाल मोल लेना नहीं होता है, अम्मा ! भौजी को देख रही हो न ! पढ़ी-लिखी हैं तभी मोहन भइया को बचा सकीं।

मैं तो कहती हूँ कि हमें अपनी ज़िन्दगी के रंग-ढंग बदलने चाहिए।''

माधुरी की समझ में माया की बात नहीं आ रही थी, यद्यपि वह वहीं अपने अन्दर, माया की बात में कुछ सार है, इसका अनुभव करती थी। लेकिन परम्पराओं से बँधी, निर्बल और पराश्रित मध्यवर्ग की एक बूढ़ी औरत, वह नए युग के दृष्टिकोण को समझ सकने में असमर्थ थी, नई मान्यताओं को स्वीकार कर लेना उसके लिए असम्भव-सा था। उसने कहा, ''देख माया ! तू बहुत पछताएगी आगे चलकर, मैं कहे देती हूँ। हम लोगों की ज़िन्दगी अब कितनी है, कोई-न-कोई सहारा तो तुझे ढूँढ़ना पड़ेगा। तेरे बाबूजी तुझ पर कितना नाराज़ हैं, तू अपने को बदलती क्यों नहीं ?''

माया बात को आगे नहीं बढ़ाना चाहती थी, उसने कहा, ''मेरी अच्छी अम्मा, नाराज़ न हो मुझ पर। मैं अपने को बदलने की कोशिश करूँगी... ज़रूर कोशिश करूँगी।''

सुशीला इस समय रसोईघर में आ गई। उसने कहा, ''बाबूजी शायद आ गए हैं...चाय का पानी चढ़ा दूँ।'' और उसी समय के केशव की आवाज़ सुनाई पड़ी, ''सुनती हो...लो मैं ये सब चीज़ें ले आया...यहीं चौराहे पर अंडा-रोटी-मक्खनवाले की दुकान है। रोज़ सुबह वह अंडा, रोटी, मक्खन यहीं घर पर दे जाया करेगा।''

माधुरी उठकर मोहन के नाश्ते का सामान लेने चली गई। माधुरी के जाने के बाद सुशीला ने माया से कहा, ''कहो माया बीबी, इस साल भी क्या एम.ए. नहीं ज्वाइन कर रही हो ?''

माया बोली, ''भौजी, देखती तो हो कि बाबूजी मुझसे कितने नाराज़ हैं... व्यर्थ ही। उनसे कोई बात कहने की हिम्मत ही नहीं पड़ती। घर की हालत क्या हो गई है...बाबूजी का मिज़ाज चिड़चिड़ा हो गया है।''

सुशीला ने कहा, ''हाँ माया बीबी, लेकिन सब कुछ ठीक हो जाएगा धीरे-धीरे। अच्छा किशन बाबू की कुछ खबर मिली ?''

किशन का नाम सुनकर जैसे खिल उठी, ''हाँ भौजी, हर हफ्ते उनकी चिट्ठी आती है अम्मा के नाम और मेरे नाम। बाबूजी ने तो जैसे किशन भैया से दुश्मनी बना ली है, वह किशन भैया का नाम नहीं सुनना चाहते।''

''वैसे तो मजे में हैं ? काम-काज कैसा चल रहा है उनका ?'' सुशीला

ने पूछा।

बड़े उत्साह के साथ माया ने उत्तर दिया, ''काम तो बड़ा अच्छा चल रहा है। अगली पिक्चर में सेकंड हीरो का रोल मिला है उन्हें। लेकिन पैसा रुका हुआ है उनका, जल्दी ही मिल जाएगा। बम्बई के खर्च भी तो बड़े लम्बे हैं।'' फिर उसने धीमे-से स्वर में, जैसे वह कोई भेद की बात बता रही हो, ''मोहन भैया के लिए बड़े चिन्तित हैं, कह रहे थे कि जल्दी ही रुपया भेजेंगे, मोहन भैया का अच्छे-से-अच्छा इलाज होना चाहिए। और सुना भौजी, माताजी को और मुझे बुलाया है, बम्बई।''

सुशीला के मुख पर एक मुस्कान आई, ''अच्छा ! तो कब जाओगी ?''

उदास भाव से माया बोली, ''माताजी तो जाना चाहती हैं, लेकिन बाबूजी बुरी तरह नाराज़ हैं, अगर किशन भैया यहाँ आ जाएँ तो शायद बाबूजी की नाराजगी दूर हो जाए।''

इतने में माधुरी नाश्ते का सामान लेकर रसोई में आ गई और इन दोनों की बातचीत बन्द हो गई।

भोजन करके केशव अपने दफ्तर चला गया। दफ्तर जाने के पहले वह माधुरी और सुशीला से कह गया कि शाम के समय वह डॉक्टर चौधरी को अपने साथ लेकर वापस लौटेगा।

शाम के समय केशव डॉक्टर चौधरी को साथ लेकर लौटा मोहन को देखते ही डॉक्टर चौधरी ने कहा, ''वंडरफुल ! शक्ल से तो लगता है कि बिलकुल ठीक हो गए।'' और फिर डॉक्टर चौधरी ने मोहन की पूरी तौर से परीक्षा की।

परीक्षा लेकर डॉक्टर चौधरी ने कहा, ''बस दो महीने का इलाज और... और इस रोग से स्थायी तौर पर मुक्ति मिल गई तुम्हें। कल से मैं फिर इंजेक्शन शुरू कर दूँगा...साठ ग्राम इंजेक्शन और लगेंगे।''

केशव ने हिचकिचाहट के स्वर में कहा, ''इसके माने हैं कि दो महीने तक इसका इलाज और चलेगा ?''

''हाँ, पर्मानेंट क्योर के लिए साठ इंजेक्शन और लगने हैं, इसमें दो महीने से तो कम नहीं लगेगा। इसके बाद यह हर तरह का काम कर सकते हैं, अधिक-से-अधिक मेहनत कर सकते हैं। नई ज़िन्दगी मिलेगी इन्हें।''

कुछ चुप रहकर केशव ने कहा, ''तीन-चार दिन बाद शुरू कीजिए डॉ. साहब, ज़रा रुपयों का इन्तज़ाम कर लूँ।''

डॉक्टर ने उठते हुए कहा, ''मैं समझता हूँ आपकी स्थिति ! तीन-चार दिन बाद ही सही, लेकिन इससे ज़्यादा देर नहीं होनी चाहिए। आज बुधवार है...सोमवार से ये इंजेक्शन शुरू हो जाएँ।''

डॉक्टर चला गया, लेकिन वह केशव के लिए एक कठिन समस्या छोड़ गया। दो दिन तक केशव सोचता रहा कि इन रुपयों का किस तरह प्रबन्ध किया जाए। दो महीने तक यह महँगा इलाज ! तीन सौ रुपया तो सिफ इंजेक्शन के दाम, इसके बाद छह रुपया रोज़ डॉक्टर की फीस। यानी दो महीने में तीन सौ आठ यानी चार सौ रुपये डॉक्टर की फीस ! फिर खाने की दवा, टॉनिक...सौ रुपये इसमें। और अकेले इससे तो काम नहीं चलता, मोहन के लिए दूध, अंडा, फल, मक्खन...दो-ढाई सौ रुपये इसके समझे जाएँ। एक हज़ार रुपये से अधिक इस सबका खर्च ! कैसे होगा यह सब ?

मोहन के पहाड़ से लौटने के लिए केशव ने सौ रुपये भेजे थे कर्ज लेकर, कितनी मुश्किल से उसे यह कर्ज़ मिला था। उसने वादा किया था कि यह कर्ज़ वह दो महीने में अदा कर देगा। लेकिन उस कर्ज़ को अदा करने का प्रश्न नहीं उठता था, उसे नया कर्ज़ चाहिए था। दो दिन तक दवा का आना टलता रहा, दो दिन तक केशव और माधुरी में यह बातचीत होती रही कि यह सब कैसे हो !

सुशीला को घरवालों की इस मुसीबत का पता था, लेकिन अब सुशीला भी विवश थी। उसके अधिकांश गहने बिक गए थे। जो थोड़े-से थे वे सुहाग-चिह्न समझे जाते थे। उनको बेचकर भी सौ-दो सौ से अधिक तो नहीं मिलता। जितनी चिन्ता केशव को थी, उससे अधिक चिन्ता सुशीला को थी। तीसरे दिन सुशीला अपने ससुर के सामने गई। माधुरी भी उस समय वहीं थी। सुशीला ने कहा, ''आज रविवार है, बाबूजी, कल डॉक्टर साहब आने को कह गए हैं। दवा अभी तक नहीं आई।''

विवशता के स्वर में केशव ने कहा, ''क्या बतलाऊँ, अभी तक रुपयों का इन्तज़ाम नहीं हो सका। आज रविवार है, निकलूँगा अभी। लेकिन कैसे होगा यह सब, मेरी समझ में नहीं आता। न हो तो घर गिरवी रख दूँ, लेकिन

घर के रहने रखने में वक्त लगेगा।''

सुशीला बोली, ''बाबूजी, जिस तरह हो, यह कर दीजिए। मुझे महिला कॉलेज में सौ रुपये की नौकरी मिल रही है, मैं सालभर में यह कर्ज़ अदा कर दूँगी। कहीं से कर्ज ला दीजिए।''

सुशीला नौकरी करेगी...अजीब-सी बात लगी केशव को। वैसे उसे यह पता था कि आजकल स्त्रियाँ नौकरी करती हैं, और उसने स्त्रियों के नौकरी करने के विरुद्ध टीका-टिप्पणी भी की थी। अब उसकी पतोहू स्वयं नौकरी करने की बात कह रही थी। केशव को कुछ अजीब-सा लगा। एक क्षण के लिए उसकी समझ में न आया कि यह सब क्या हो रहा है। उसने कहा, ''तुम नौकरी करोगी, यह कैसे होगा ? हमारे खानदान में कभी औरतें घर से बाहर नहीं निकली हैं, नौकरी करना तो दूर रहा''

सिर झुकाए हुए सुशीला ने कहा, ''बाबूजी, मजबूरी सब कुछ करा लेती है। मैं यह कह रही हूँ इनके लिए, इनके इलाज के लिए। कल सोमवार है, कल से ही मैं यह नौकरी ज्वाइन कर रही हूँ। परिवार में सौ रुपये महीने की आय बढ़ जाएगी।''

केशव के पास सुशीला की इस बात का कोई उत्तर नहीं था, उसने केवल इतना कहा, ''भगवान को क्या कहूँ, बहू ! जो उसकी इच्छा है, उसे कौन टाल सकता है। अच्छी बात है, मैं किसी-न-किसी तरह आज मोहन की दवा ले आऊँगा।''

केशव भोजन करके करीब एक बजे घर से बाहर निकल गया।

11

यह हाथ पसारना, यह अपनी विवशता प्रदर्शित करना, यह उत्तर में 'ना' पाना...कितना अपमानजनक है यह सब ! केशव के लिए कड़वा अनुभव था। कितनी पीड़ा हो रही थी केशव को, लेकिन वह विवश था; उसे अपमान का घूँट पीते हुए यह करना ही था।

ऐसी बात नहीं कि केशव ने इसके पहले कर्ज लिया ही न हो। अभावग्रस्त आदमी को कर्ज लेना ही पड़ता है। लेकिन वह दस-पाँच रुपयों की बात थी...और दस-पाँच रुपयों का कर्ज, कर्ज नहीं कहलाता। दिनभर वह अपने मित्रों और रिश्तेदारों के आगे हाथ पसारता रहा। शाम के समय वह थका-सा वापस लौटा। उसने अपनी पत्नी और सुशीला को बुलाया। जब से मोहन बीमार पड़ा और सुशीला ने मोहन की देखभाल आरम्भ की तब से केशव सुशीला पर एक तौर से निर्भर रहने लग गया।

केशव ने कहा, "बड़ी मुश्किल से दो सौ रुपये मिले हैं, यह लो।" वह सुशीला की ओर ही मुड़ा, "दस दिन की दवा का तो इन्तज़ाम हो जाएगा। कल सुबह डॉक्टर आएगा, दवा मैं आज ही ले आऊँगा।"

चिन्तित स्वर में माधुरी ने कहा, "लेकिन चाहिए तो करीब-करीब एक हज़ार ! दस दिन के बाद मिल जाएगा बाकी रुपया ?"

यही प्रश्न केशव के मन में था, जैसे-तैसे बड़ी मुसीबत के साथ उसे दो सौ रुपये मिले थे, इसके बाद मित्रों और हितैषियों से रुपया मिलने की कोई आशा नहीं थी। उसने कहा, "कह नहीं सकता, भगवान का भरोसा है। न

हो तो अपनी सोने की चूड़ियाँ और गले का हार दे दो, उन्हें गिरवी रखकर तीन सौ रुपये मिल जाएगा। मकान के रेहन रखने में एक महीना से कम समय नहीं लगेगा। मकान रेहन करके यह गहना छुड़ा लूँगा।''

माधुरी को भी अपने गहनों पर हाथ लगाना पड़ेगा, माधुरी ने यह न सोचा था। उसने कहा, ''तो मकान गिरवी रखना पड़ेगा ? हे भगवान, कैसे होगा ?''

एक कटु मुस्कान के साथ केशव बोला, ''यह सब इसी तरह होगा जैसे मकान खरीदा गया था। यह तो बुरे दिन की बात है, हमेशा तो ये बुरे दिन नहीं रहेंगे। चीजें बेच तो नहीं रहा हूँ, सिफ ' गिरवी रख रहा हूँ।''

माधुरी की आँखों में आँसू आ गए, ''जो भगवान दिखाएगा, देखना पड़ेगा। हाँ गले का हार लाए देती हूँ और मेरा कंगन ले लो, सोने की चूड़ियाँ तो मैंने माया को दे दी हैं।''

''माया से माँग लो...माया ! माया !! कहाँ गई माया ?'' केशव ने कहा।

माधुरी ने भी पुकारा, ''माया ! अरी कहाँ है...कम्मो !''

कमला ने कमरे में प्रवेश किया, ''क्या काम है ? क्यों बुलाया है ?''

''अरी माया कहाँ है, उसे भेज दे जाकर; उससे काम है।'' माधुरी ने कहा।

''दीदी अभी लौटी कहाँ है ? दोपहर को रानी के यहाँ गई थीं...तुमसे ही कहके अम्मा, तब से अभी तक नहीं लौटी हैं !''

केशव ने कहा, ''रात के आठ बज रहे हैं और अभी तक नहीं लौटी, तुम उसे बड़ी ढील दे रही हो।''

माधुरी बोली, ''इतनी देर तो कभी नहीं करती थी माया, कोई खास काम पड़ गया होगा। देख कम्मो, रानी के यहाँ जाकर माया को बुला ला... साथ में मुन्ना को लेती जा।''

''इतनी रात में कम्मो को मत भेजो, मैं जाता हूँ जीवनराम के यहाँ।'' केशव ने उठते हुए कहा।

''अरे तुम मत जाओ, इतने थके हुए वापस लौटे हो, दस-पाँच मिनट और इन्तज़ार कर लो, आती ही होगी।'' माधुरी बोली।

और उसी समय सड़क से एक आवाज़ आई, ''केशव बाबू, अरे केशव बाबू !''

केशव ने उठकर दरवाज़ा खोला, सुशीला अन्दर चली गई थी और माधुरी ने मुँह पर घूँघट कर लिया था, ''अरे जीवनराम बड़े घबराए हुए हो, क्यों क्या बात है ?''

''दोपहर को रानी आपके यहाँ आई थी, अभी तक घर नहीं लौटी। माया उसके साथ थी...रानी की माँ बतलायी थी। मैं तो दुकान में था। रानी की माँ बीमार है न, रानी ही तो खाना-वाना बनाती है। जब मैं वापस लौटा तो सुनसान।''

केशव के मन में एकाएक घबराहट पैदा हो गई, ''रानी तो यहाँ आई नहीं, माया आपके यहाँ कहकर गई थी। मैं तो उसे लेने के लिए आपके यहाँ आनेवाला था।''

''बड़ा गज़ब हो गया बाबू केशवचन्द्र, रानी का बक्सा घर में नहीं है... कई दिनों से वह बम्बई जाने की बात किया करती थी, मेरा भतीजा शंकरराम वहाँ मुनीमी करता है न !''

केशव ने माधुरी से कहा, ''अरे ज़रा माया का बक्सा तो देखो...जल्दी करो।''

माधुरी तेज़ी के साथ कमरे से बाहर निकली। तीन-चार मिनट में वह वापस आई, ''हाय राम ! माया का बक्सा भी नहीं है। उसके कमरे में, उसका कोई कपड़ा भी बाहर नहीं है। मेज़ पर एक चिट्ठी रखी थी...देखो तो।''

केशव ने पत्र हाथ में ले लिया, वह पत्र उसके ही नाम था। उसने ज़ोर-ज़ोर से वह पत्र पढ़ना आरम्भ किया, जिससे सब लोग सुन लें कि उस पत्र में क्या लिखा है।

''पूज्य बाबूजी ! मैं दोपहर की गाड़ी से बम्बई जा रही हूँ, किशन दादा के पास। उन्होंने मुझे बुलाया है, एक फिल्म में काम तय करके। घर में मैं भार बनकर नहीं रहना चाहती, अपना रास्ता मुझे खुद ढूँढ़ निकालना है। आप मुझ पर नाराज़ न हों। हम लोगों पर यह मुसीबत का समय है, हरेक को अपने-अपने ढंग से इस मुसीबत का सामना करना है। मोहन भैया का

इलाज अच्छी तरह होना चाहिए। मेरे साथ रानी भी जा रही है, शंकर भैया के साथ वह रहेगी। उसके लिए भी किशन भैया वहाँ काम ढूँढ़ देंगे। रानी बड़ी अच्छी एक्ट्रेस बन सकती है। पत्र पाकर रानी के घर में खबर कर दीजिएगा, नहीं तो वे लोग बड़े परेशान होंगे।''

थोड़ी देर तक वहाँ निस्तब्धता छाई रही, इस पत्र को सुनकर...जिसे जीवनराम ने तोड़ा, ''चुड़ैल कहीं की ? उसकी माँ ठीक ही कहती थी कि उसे पढ़ाओ-लिखाओ नहीं, नहीं तो लौंडिया हाथ से निकल जाएगी। उसी की बात सच निकली।''

केशव ने घुटे स्वर में कहा, ''अब क्या करोगे, जीवनराम ?''

''समझ में नहीं आता ! इस लौंडिया ने तो मेरी इ़ज़्ज़त ले ली। उधर मैं इसका रिश्ता पक्का कर रहा था, वह जो शिवप्रसाद हैं...हरप्रसाद शिवप्रसाद फर्म के मालिक...उन्हीं के लड़के के साथ, और इधर यह लौंडिया नाक कटाने के लिए निकल पड़ी घर से। लखपति आदमी हैं वे लोग...क्या कहूँगा उन लोगों से, कैसे मुँह दिखाऊँगा उन्हें ! लड़का भी बुरा नहीं है, ज़रा रंग काला है तो क्या हुआ; फौज में सप्लाई का काम करता है...हज़ारों रुपया महीने की आमदनी है उसकी; इतना अच्छा रिश्ता हाथ से निकल गया।''

केशव ने कहा, ''रिश्ता अभी तक हाथ से नहीं निकला। उनसे कह देना कि रानी अपने भाई के यहाँ गई है। भाई के यहाँ जाना क्या कोई पाप है ? इस बीच तुम बम्बई जाकर उसे समझा-बुझाकर अपने साथ ले आओ।''

जीवनराम के मुख पर एक चमक आ गई, ''अरे हाँ, यह तो ठीक बताया आपने। मेरे तो हाथ-पैर फूल गए थे। कल बम्बई जा रहा हूँ, उसको साथ लेकर वापस लौटूँगा। क्या बताऊँ, यह ख़र्चा अखर गया।''

केशव ने रूखे स्वर में कहा, ''माया को समझाने-बुझाने की कोई ज़रूरत नहीं है, जीवनराम !''

जीवनराम के जाने के बाद माधुरी ने केशव से कहा, ''यह तुमने जीवनराम को मना क्यों कर दिया माया को समझाने से ?''

''वह जीवनराम के समझाने से समझेगी, मधो ? नहीं, वह किसी हालत में वापस नहीं आएगी, मैं जानता हूँ। किशन और माया...ये दोनों परिवार से छिटककर अलग हो गए हैं, उनको फिर से वापस लाना असम्भव है।''

माधुरी सिसक पड़ी, ''हाथ जोड़ती हूँ, ऐसी बात मत करो। माया डूब रही है, तुम उसके बाप हो...उसे बचाना तुम्हारा धर्म है। तुम भी जीवनराम के साथ बम्बई चले जाओ, किसी तरह समझा-बुझाकर उसे वापस ले आओ...माया को बचाओ।''

केशव ने उठते हुए कहा, ''अभी तो मुझे मोहन को बचाने की चिन्ता है। जो गए वे गए...वे खतरे में नहीं हैं क्योंकि उनमें आत्मविश्वास का सामर्थ्य है, उनके प्राणों में क्षमता है। जो हैं, वे मुझ पर आश्रित हैं और उन्हें बचाना है। किसी भी हालत में उन्हें बचाना है। अच्छा, मैं दवा ले आऊँ, नहीं तो दुकानें बन्द हो जाएँगी।'' और केशवचन्द्र बाहर चला गया।

दूसरे दिन मोहन का इलाज फिर आरम्भ हो गया। मोहन का स्वास्थ्य पहाड़ से लौटने के बाद गिरा नहीं...उसकी परिचर्या अच्छी-से-अच्छी थी। नियम से उसे भोजन मिलता था, नियम से दवा मिलती थी। घर में जैसे किसी ने माया के अभाव को अनुभव ही नहीं किया। एक केशव चिन्तित था...दस दिन बाद फिर क्या होगा ?

उसकी पत्नी का हार था, उसकी पत्नी के कंगन थे। एक महीना तो चल जाएगा बड़े मज़े में। इसके बाद वह क्या करेगा ? उसने अपने प्रोविडेंट फंड से कर्ज़ लेने की दरख्वास्त दे दी...एक हज़ार रुपया उसे मिल सकता था, लेकिन उसमें देर भी हो सकती थी। वह प्रयत्न कर रहा था कि महीने-भर के अन्दर ही उसे कर्ज़ मिल जाए। लेकिन यह हेड ऑफिस पर निर्भर था।

केशव के दफ्तर का मैनेजर बदल गया था, नए मैनेजर मिस्टर पटेल को कानपुर के काम-काज का अधिक अनुभव नहीं था, एक तरह से वह केशव पर निर्भर रहता था। उसने केशव को सलाह दी कि वह कलकत्ता जाकर हेड ऑफिस में स्वयं प्रयत्न करे। कलकत्ता जाने के माने थे करीब पचास रुपये का खर्च। इस खर्च के लिए केशव तैयार नहीं था।

केशव जिस विभाग में काम करता था वह अनाज की खरीददारी का विभाग था। अपने विभाग का वह अध्यक्ष-सा था। नियमित रूप से वह अपना काम कर रहा था, रोज़ सुबह दफ्तर जाना, रोज़ शाम के समय दफ्तर से वापस लौटना। और इस तरह दिन बीतते गए। दसवें दिन सुबह के समय वह डॉक्टर की प्रतीक्षा कर रहा था कि इसी समय लाला रामकिशोर की कार

उसके दरवाज़े पर रुकी।

लाला रामकिशोर कानपुर के अनाज के बहुत बड़े व्यापारी थे। केशव की फर्म से लाला रामकिशोर की फर्म का पुराना सम्बन्ध था। केशव को आश्चर्य हुआ लाला रामकिशोर को अपने दरवाज़े पर देखकर। उसने लाला रामकिशोर का स्वागत किया, ''आइए लालाजी, आज कैसे भूल पड़े आप मेरे यहाँ ?''

''यों ही, सुना था कि आपका लड़का बीमार है, तो सोचा कि उसकी खोज-खबर ले लूँ।'' लाला रामकिशोर ने कुर्सी पर बैठते हुए पूछ लिया।

लाला रामकिशोर के इस सौजन्य से केशव गद्गद हो गया। कितने अच्छे हैं लाला रामकिशोर कि उसके लड़के की खोज-खबर लेने वह उसके घर दौड़े आए। उसने कहा, ''आपने बड़ी मेहरबानी की, भला हम छोटे आदमियों को याद ही कौन रखता है ?''

लाला रामकिशोर ने अपनी वाणी में फूल बिखेरते हुए कहा, ''अरे केशव बाबू, कोई रुपये-पैसे से ही छोटा-बड़ा तो नहीं हुआ करता है ! आपके प्रति मुझमें कितनी श्रद्धा और आदर का भाव है, वह तो मैं ही जानता हूँ। आपके जैसे शरीफ और भले आदमी आज के दुनिया में चिराग लेकर ढूँढ़ने पर भी नहीं मिलेंगे। मैंने सुना है कि आप आजकल काफी चिन्तित हैं !''

''लड़के की बीमारी में चिन्ता तो करनी ही पड़ती है, लालाजी ! भगवान को धन्यवाद कि वह अब करीब-करीब अच्छा हो गया है। मैंने इसकी बीमारी की वजह से इसकी नौकरी छुड़वा दी है, महीने भर में फिर कहीं काम-काज शुरू कर देगा।''

लाला रामकिशोर ने अब बात का रुख बदला, ''हाँ, एक बात आप से और कहनी थी, सोचा दफ्तर में वह बात कहने का मौका नहीं मिलेगा। जो पाँच वैगन माल मैंने आपकी कम्पनी को बेचा है, मैंने वह भिजवा दिया है।''

''ठीक है, पाँच-छह दिन में उसका पेमेंट करवा दूँगा। इसमें आपको कुछ कहने की ज़रूरत नहीं है।''

लाला रामकिशोर मुस्कराए, ''हाँ, हाँ, पेमेंट में तो मुझे आपके यहाँ से कोई मुसीबत नहीं। लेकिन इस दफे शायद कुछ मुसीबत पड़े, तो मैंने सोचा कि आपसे बात कर ली जाए।''

केशव का माथा ठनका। लाला रामकिशोर बड़ी तेजी के साथ अब करोड़पति बनने का प्रयत्न कर रहे थे, कानपुर का हरेक व्यापारी यह जानता था और इसलिए हरेक आदमी लाला रामकिशोर से सचेत रहता था। उसने पूछा, ''कहिए, क्या बात है ?''

''बात यह है केशव बाबू कि जिस माल का नमूना मैंने आपके यहाँ भेजा था वह तो बिक गया, लेकिन मैंने वैसा ही दूसरा माल भिजवा दिया है, किसी तरह का फर्क नहीं है।''

केशव ने कुछ चुप रहकर उत्तर दिया, ''यह तो गलत किया आपने, लेकिन खैर अगर दूसरे माल में और नमूने वाले माल में कोई खास फर्क नहीं है तो ठीक है...आप इस विषय की एक चिट्ठी भेज दीजिएगा।''

कुछ गला साफ करते हुए लाला रामकिशोर ने कहा, ''चिट्ठी लिखने से तो काम बिगड़ जाएगा। आप जानते ही हैं केशव बाबू कि आपके नए मैनेजर बड़े शक्की मिज़ाज के आदमी हैं। माल तो आपको ही परखना है तो मैंने सोचा कि आपसे बात कर लूँ।'' और यह कहकर रामकिशोर ने अपनी जेब से सौ-सौ के दस नोट निकालकर केशव के सामने वाली मेज़ पर रख दिए, ''आप भी आजकल बड़ी तकलीफ में हैं तो मैंने सोचा कि आपकी कुछ मदद ही हो जाए।''

केशव का मुख तमतमा उठा। अपनी ईमानदारी और अपने चरित्र के लिए केशव विख्यात था। उसने कहा, ''लालाजी ! मैं मजबूर हूँ। आपने यह कैसे समझ लिया कि मैं यह काम कर दूँगा ?''

लाला रामकिशोर ने कहा, ''मैं आपको यकीन दिलाता हूँ कि जो माल मैंने भेजा है वह उसके मुकाबिले वाला ही माल है। मैंने अगर आपको यह बात न बतलाई होती तो आपके जैसे पारखी आदमी के लिए भी उस माल में फर्क को देख पाना भी मुश्किल था। हाँ, मैंने तो आपके फायदे के लिए यह बात आपसे कही थी।''

केशव ने कड़े स्वर में कहा, ''आप समझते हैं कि मैं एक हज़ार रुपये पर अपना धर्म-ईमान बेच सकता हूँ ?''

केशव के अन्दर कहीं कोई शिथिलता है...तभी उसको अपना स्वर कड़ा करना पड़ा, लाला रामकिशोर यह जानते थे। स्वयं केशव भी बिना जाने हुए

यह अनुभव कर रहा था कि उसके अन्दर कहीं किसी तरह की शिथिलता है। और अपने उस कड़े स्वर में जिसमें तीखापन अधिक था, आवाज़ ज़ोर की थी, लेकिन जिसमें दृढ़ता और संकल्प का अभाव था, उसने अपनी यह बात कही थी।

लाला रामकिशोर पर जैसे केशव के इस कड़े स्वर का कोई असर नहीं हुआ। उसने कहा, ''केशव बाबू, यहाँ धर्म और ईमान बेचने की बात नहीं उठती, यह तो सहायता के आदान-प्रदान का प्रश्न है। आजकल मन्दी चल रही है, मुझे कुछ भुगतान करने हैं जिनके लिए रुपयों की ज़रूरत है, वरना मैं यह माल आपके यहाँ भिजवाता ही नहीं। मैं सच कहता हूँ कि नमूने वाले माल से यह माल कुछ महँगा ही पड़ा है मुझे, लेकिन आपके यहाँ का सौदा टूट जाए, यह मुझे गँवारा नहीं। इसमें आप मेरी सहायता कर रहे हैं, जिस तरह मैं आपके आड़े समय में आपकी सहायता कर रहा हूँ।''

केशव इस बात का और कड़ा उत्तर देना चाहता था कि उसी समय डॉक्टर की कार भी उसके दरवाज़े पर रुकी। डॉक्टर के आते ही यह बातचीत बन्द हो गई और केशव डॉक्टर को लेकर मोहन के कमरे में चला गया। डॉक्टर ने इंजेक्शन दिया, इसके बाद उसने मोहन की पूरी परीक्षा की। उसके मुख पर सन्तोष था। उसने कहा, ''बिलकुल ठीक हो गए हैं, सिफ चालीस इंजेक्शन में इतना फायदा हुआ है। अब पचास इंजेक्शन और लगने हैं। बीस इंजेक्शन के बाद यह अपना काम-काज ठीक नियमित रूप से कर सकेंगे।''

डॉक्टर को विदा करके केशव बैठक में आया, लाला रामकिशोर बैठे हुए थे। उन्होंने केशव से कहा, ''तो अब मैं चलूँ केशव बाबू, आपके दफ्तर जाने का भी समय हो गया है। आती हुई लक्ष्मी से इनकार नहीं करना चाहिए, अगर और कभी ज़रूरत पड़े तो बिना किसी हिचक के आप मेरे यहाँ चले आइए, आदमी ही आदमी की मदद करता है।''

केशव का सिर झुक गया, उसने नोट हाथ में लेते हुए कहा, ''अच्छी बात है लालाजी, अगर माल ठीक हुआ तो पास कर दूँगा। और एक हफ्ते के अन्दर आपका पेमेंट हो जाएगा।''

लाला रामकिशोर चले गए और केवल दफ्तर की ओर रवाना हुआ।

दफ्तर जाकर उसे पता चला कि पटेल साहब उसकी प्रतीक्षा कर रहे हैं। केशव के पहुँचते ही मिस्टर पटेल ने कहा, ''लाला रामकिशोर का माल आ गया है...उसे देख लो।''

''आप भी चलिए मेरे साथ।'' केशव ने कहा, ''लाला रामकिशोर का माल है, भरोसा नहीं किया जा सकता।''

''अच्छी बात है।'' और केशव के साथ मिस्टर पटेल भी माल देखने चल पड़े। मिस्टर पटेल ने माल देखकर कहा, ''माल तो ठीक मालूम होता है, नमूने के मुताबिक। आपका क्या ख़याल है ?''

माल कुछ कमज़ोर था, केशव के आगे यह स्पष्ट था, लेकिन पटेल साहब उस अन्तर को नहीं देख पाए। केशव ने कहा, ''हाँ, नमूने के मुताबिक ही दिखता है और इसका चालान भी जल्दी करना है, हेड ऑफिस से कल ही आपको रिमाइंडर आया था।''

''हाँ-हाँ, अच्छी बात है, आज ही यह माल भेज दिया जाए।''

तीसरे दिन लाला रामकिशोर का भुगतान हो गया।

12

और एक सप्ताह हो गया है बात को, पूरा एक सप्ताह।

इस एक हफ्ते में नरक की यातना सहनी पड़ी है केशव को। उसके चारों ओर कहीं भी शान्ति नहीं, एक असह्य जलन के आवरण ने जैसे उसके समस्त अस्तित्व को घेर रखा है। उससे सब लोग पूछते हैं कि उसे क्या हो गया है, लेकिन वह किसी को बतला नहीं सकता। बड़े यत्न के साथ वह अपने पाप को छिपाए हुए है, लेकिन उसे लगता है कि पाप छिपाया नहीं जा सकता। यही पाप तो उसके अन्दर वाली जलन है जो उसे नितान्त अस्वाभविक बनाए हुए है, दुनिया के सामने ही नहीं स्वयं अपने सामने भी। उसे लगता है कि वह टूटकर गिर पड़ेगा किसी दिन, किसी जगह; यह पाप का बोझ बहुत भारी है...इतना भारी कि उसे वह वहन नहीं कर सकता।

उसने क्या किया है, सिवा लाला रामकिशोर के इस बात को कोई नहीं जानता। उसकी पत्नी नहीं जानती, उसका लड़का नहीं जानता, उसकी पुत्रवधू नहीं जानती। केवल दो आदमी जानते हैं उस पाप को, एक वह, क्योंकि उसने यह पाप किया है; और दूसरे लाला रामकिशोर जिन्होंने उससे यह पाप करवाया है।

लेकिन यह सच नहीं है, एक और जाननेवाला है इस पाप का, जिसे वह देख नहीं पाता, जिसे लाला रामकिशोर नहीं देख पाते। उस तीसरे की ही तो जानकारी सबसे महत्त्वपूर्ण जानकारी है, क्योंकि वही निर्णायक है, वही विधायक है, न्यायकर्त्ता है, वह दंड भी देता है। उसका सबसे पहला दंड है

केशव के मन में उस भयानक अशान्ति और ग्लानि का भर जाना। इसके बाद भी दंड होंगे, जिन्हें वह नहीं जानता, लेकिन उनकी यातना इससे भी भयानक होगी।

मोहन का इलाज चल रहा है, बिना किसी बाधा के। मोहन के इलाज का भार सुशीला पर है, और वह बड़े साहस और धैर्य के साथ मोहन का इलाज कर रही है। सुशीला रोज़ अपने स्कूल जाती है पढ़ाने के लिए, रोज़ समय पर वापस आती है। नियमित रूप से मोहन को दवा देती है, नियमित रूप से मोहन का पथ्य तैयार करती है। इस सबके साथ वह हँसती है, प्रसन्न रहती है। वह सब क्यों ? केशव ने न जाने कितनी बार अपने से ही यह प्रश्न किया है।

एक ही उत्तर मिला है केशव को बार-बार...सुशीला अकलुष है, निष्कलंक है।

सुशीला ने मोहन के इलाज के लिए केशव से एक पैसा नहीं माँगा, वह एक हज़ार रुपया जो उसने अपना धर्म और ईमान बेचकर पाए थे, वैसे-के-वैसे रखे हैं उसके पास। सुशीला ने किसी दिन रुपयों की माँग नहीं की उनसे, हरेक चीज़ का समुचित प्रबन्ध करती जाती है वह।

मोहन इस एक सप्ताह से कुछ अधिक स्वस्थ दिखने लगा है। अब वह इधर-उधर घूमने भी चला जाता है; मानो एक नया जीवन मिल गया हो जैसे उसे। मोहन में अब उत्साह है, उमंग है। केशव यह सब देख रहा है, और वह यह अनुभव करता है कि मोहन को बचा रहा है भगवान, मोहन को बचा रही है सुशीला। पाप द्वारा अर्जित उसका एक हज़ार रुपया वैसा-का-वैसा रखा है।

अभी तीन दिन पहले की बात है, केशव अपने दफ्तर में गुम-सुम बैठा था। और उसी समय उसके चपरासी ने आकर उससे कहा था, ‘‘बड़े बाबू साहब ने आपको सलाम भेजा है।’’

केशव को मैनेजर ने अपने सामने बिठलाते हुए कहा था, ‘‘बाबू केशवचन्द्र ! आपके लड़के की तबीयत अब कैसी है ?’’

‘‘सुधर रही है, सर ! पहाड़ पर उसे काफी अधिक फायदा हुआ। डॉक्टर का कहना है कि दो महीने में वह बिलकुल ठीक हो जाएगा, काम-काज कर सकेगा।’’

“मुझे बड़ी खुशी हुई यह जानकर। हाँ, आपसे यह पूछना था कि आपका असिस्टेंट रामअधार...क्या राय है आपकी उस पर ? मैंने सुना है कि वह किसी और जगह भी काम करता है ?”

केशव को पता है कि रामअधार लाला रामकिशोर के यहाँ भी दो घंटे की नौकरी करता है, उसे यह भी पता है कि रामअधार का परिवार बहुत बड़ा है। अपने माता-पिता के अलावा उसे अपनी बहिन और अपने दो भाँजों का भी भरण-पोषण करना होता है... एक साल पहले उसकी बहिन विधवा होकर उसके यहाँ आश्रय पाने आई है। उसे दफ्तर से जो तनख्वाह मिलती है उससे उसके घर का खर्च नहीं चल पाता। लाला रामकिशोर के यहाँ से बीस रुपयों की अतिरिक्त आय हो जाती है।

केशव ने सिर झुकाए हुए उत्तर दिया, “सुना मैंने भी है, लेकिन उसका परिवार बहुत बड़ा है। इस छोटी-सी तनख्वाह से उसका काम नहीं चलता और दो साल से किसी को तरक्की भी नहीं मिली।”

“मैं जानता हूँ बाबू केशवचन्द्र, लेकिन मजबूरी है। मुनाफा कम हो गया है, हेड ऑफिस ने जवाबतलब भी किया है। खैर, बात रामअधार की है। मुझे खबर मिली है कि वह लाला रामकिशोर के यहाँ काम कर रहा है...और लाला रामकिशोर से हमारी फर्म के व्यापारिक सम्बन्ध हैं। ऐसी हालत में आपको रामअधार पर निगाह रखनी ही पड़ेगी।”

पराजित भाव से केशव मैनेजर की बात सुन रहा था, थके हुए स्वर में उसने कहा, “जो समझिए। लेकिन आदमी वह ईमानदार है। मैं उसे अच्छी तरह जानता हूँ।”

मैनेजर हँस पड़ा, “दुनिया में ज़्यादातर आदमी ईमानदार हैं बाबू केशवचन्द्र, पर परिस्थितियों से वे बेईमान बन जाया करते हैं। कौन किस वक्त बेईमानी कर जाए, इसका केई ठिकाना नहीं। गरीबी और अभाव में सारी बेईमानी की जड़ें हैं।”

केशव चला गया चुपचाप। मैनेजर ने जो बात कही थी, कितना बड़ा सत्य था उसमें, वह अनुभव कर रहा था। वह अपनी डेस्क पर बैठा ही था कि रामअधार उसके पास आया। रामअधार उदास था। उसने आते ही कहा, “बाबूजी, कल शाम मैंने लाला रामकिशोर की नौकरी छोड़ दी, और कहीं

कोई काम मिले तो कोशिश कर दीजिए।''

केशव चौंक पड़ा, ''क्या कहा ? वहाँ से नौकरी छोड़ आए ! क्यों, क्या बात है ?''

''ऐसे ही, कोई बात नहीं, लेकिन मुझे उनकी बातचीत अच्छी नहीं लगी। कुछ गलत बात करने को कहते थे मुझसे। जब मैंने इनकार किया तो बोले कि बेईमानी सभी करते हैं। उसमें आपका नाम भी घसीटा उन्होंने। तो मुझे बुरा लगा। भला आप जैसे आदमी का शुमार भी वह बेईमानों में करें...ऐसे आदमी के यहाँ काम करना पाप है।''

केशव को लगा कि वह बेहोश होकर गिर पड़ेगा। उसका मुख पीला पड़ गया। उसकी आँखों के आगे धुँधलापन छा गया। रामअधार ने उसकी दशा देख ली। घबराकर वह बोला, ''अरे, यह क्या हो गया आपको, बाबूजी ?''

बड़े प्रयत्न से सँभलते हुए केशव ने कहा, ''कुछ नहीं, यों ही कुछ चक्कर-सा आ गया कमज़ोरी से।''

और उसके बाद केशव के लिए दफ्तर में बैठना असम्भव हो गया। किस पतन के गर्त में गिर गया है वह...उस गर्त से निकलना होगा उसे। कैसे ? किस तरह ? उसकी समझ में न आ रहा था। उसे लग रहा था कि उसका दिमाग फट जाएगा। उसने दफ्तर से दो दिन की छुट्टी ले ली थी, उसके शरीर में मानो बल ही नहीं रह गया था।

और उस दिन सुबह सुशीला उसके कमरे में आई। एक दैवी प्रसन्नता थी उसके मुख पर। उसने आते ही कहा, ''बाबूजी, मुझे तीस रुपये महीना का ट्यूशन मिल गया है सेठ हीरालाल की लड़की का। अब आपको रुपयों की चिन्ता करने की कोई आवश्यकता नहीं। डॉक्टर ने कहा है कि पन्द्रह दिन बाद इनका इलाज पूरा हो जाएगा। भगवान को बहुत-बहुत धन्यवाद कि यह बच गए।'' और सुशीला चली गई।

केशव ने दुहराया, ''भगवान को धन्यवाद कि मोहन बच गया।'' और जैसे अपने ही अन्दर उसने कहा, ''लेकिन मैं डूब गया।'' बड़ा बुझा हुआ स्वर था उसका, और अनायास ही उसे लगा कि किसी ने उसे ज़ोर से झटका दिया। उसने अपने चारों ओर देखा, कहीं कोई नहीं था; और उसी समय उसे फिर से एक झटका लगा। इस झटके से वह बैठा न रह सका। वह उठ खड़ा

हुआ। उन दो झटकों से उसकी निष्क्रियता दूर हो गई थी, उसे अनुभव होने लगा कि उसके अन्दर एक नया जीवन जाग रहा है, एक नई स्फूर्ति आ रही है। उसने कमरे में फिर चारों ओर अपनी नज़र दौड़ाई, कहीं कोई न था। उसकी पत्नी चौके में रसोई बना रही थी, उसके बच्चे स्कूल जाने की तैयारी कर रहे थे। मोहन अपने दोस्तों के यहाँ चला गया था, और सुशीला अभी-अभी ट्यूशन पढ़ाने चली गई थी। सामने बक्सा था जिसमें रुपये रखे थे। उसने बढ़कर बक्सा खोला।

सौ-सौ रुपयों के दस नोट, एक हफ्ते से ये दस नोट उसके पास वैसे-के-वैसे रखे हैं, एक पैसा भी नहीं निकाला उसने इन रुपयों में से। अभी तक कोई आवश्यकता नहीं पड़ी। उसने नोट निकाले, एक लिफाफे में उन नोटों को रखकर उसने लिफाफा अपने कोट की भीतरी जेब में रख लिया। और फिर वह खाना खाकर दफ्तर के लिए रवाना हो गया। दफ्तर पहुँचकर उसने चपरासी से कहा, मैनेजर साहब जैसे ही आएँ, वैसे ही मुझे इत्तिला देना।''

ग्यारह बजे मैनेजर आए। केशव मैनेजर के कमरे में पहुँचा। मैनेजर ने कहा, ''बैठिए बाबू केशवचन्द्र, अब आपकी तबीयत ठीक है न ! एक-आध हफ्ते की छुट्टी और ले लीजिए। आपकी तन्दुरुस्ती बहुत गिर गई है।''

केशव ने कोट की जेब से लिफाफा निकालते हुए कहा, ''सर, आपने रामअधार के सम्बन्ध में जो मुझसे कहा था, तो उसने लाला रामकिशोर के यहाँ वाली नौकरी छोड़ दी।''

''क्या आपने उससे कुछ कहा-सुना था ?''

''नहीं, कहा उससे कुछ लाला रामकिशोर ने ही था। लेकिन रामअधार ईमानदार आदमी है, भोला और विश्वासी।'' और यह कहते-कहते केशव ने वह लिफाफा मैनेजर की ओर बढ़ा दिया, ''यह एक हज़ार रुपया है, जो लाला रामकिशोर ने एक हफ्ते पहले मुझे रिश्वत दिए थे...और इस रुपये ने मेरी सुख-शान्ति छीन ली है।''

मैनेजर स्तब्ध रह गया केशव की बात सुनकर, ''आप क्या कह रहे हैं, बाबू केशवचन्द्र ? आपने रिश्वत ली...विश्वास नहीं होता।''

एक खोखली मुस्कराहट आई केशव के मुख पर, ''आपने तीन दिन

पहले कहा था, 'कौन किस वक्त बेईमानी कर जाए...इसका कोई विश्वास नहीं।' और आपने जीवन का एक बड़ा सत्य कह दिया था। वह एक वैगन माल जो लाला रामकिशोर ने हमारी फर्म के हाथ बेचा था...वह नमूने के माल से कुछ नरम था। दोनों मालों में क्या अन्तर है...कानपुर के बाज़ार में दो-चार आदमी ही ऐसे हैं जो बतला सकें। उन दो-चार आदमियों में से एक मैं हूँ... और इसीलिए लाला रामकिशोर ने मुझे एक हज़ार की रिश्वत दी थी। उस बात का सबूत यह है कि सौ-सौ के दस नोट आपके सामने रखे हैं।''

मैनेजर ने लिफाफा हाथ में ले लिया। उसने नोट निकाले, ''मैंने स्वयं वह माल देखा था, मुझे कोई अन्तर मालूम नहीं पड़ा। लेकिन बाबू केशवचन्द्र...आप जानते हैं कि आपको सज़ा हो सकती है इस जुर्म के इकबाल पर !''

''जानता हूँ, सर ! मैंने पाप किया है, उसका दंड मुझे भुगतना चाहिए। आप पुलिस बुलाकर मुझे उसके हवाले कर दीजिए।''

मैनेजर थोड़ी देर तक चुपचाप बैठा रहा, फिर उसने कहा, ''आपने रिश्वत ली, लाला रामकिशोर ने दी। आप अपना जुर्म स्वीकार करते हैं, लेकिन लाला रामकिशोर तो अपना जुर्म नहीं स्वीकार करेंगे...पुलिस में यह केस चल नहीं सकेगा।''

''पुलिस में यह केस नहीं चल सकेगा...फिर ? आप यह रुपया ले लीजिए।'' केशव ने बड़े करुण भाव से कहा।

''यह रुपया ले लूँ ? किस मद में यह रुपया जमा होगा, केशव बाबू ?'' मैनेजर बोला।

इस बात का कोई उत्तर नहीं था केशवचन्द्र के पास। मैनेजर ने फिर कहा, ''और बाबू केशवचन्द्र, तुमने यह रुपया मजबूरी की हालत में लिया, तुम्हारा लड़का बीमार है उसे बचाने के लिए। है न ऐसा ?''

''हाँ, मैनेजर साहब, लेकिन बचाता है पुण्य, पाप नहीं बचाया करता। मेरी बहू नौकरी करके और मेहनत करके अपने पति को बचा रही है। मैं भला क्या पाप के रुपयों से बचा सकूँगा उसे ? यह पाप मुझे खा जाएगा, मुझे इस का दंड मिलना चाहिए।''

मैनेजर ने सिर हिलाया, ''आप ठीक कह रहे हैं बाबू केशवचन्द्र, लेकिन

इस पाप का दंड दे सकना मेरे हाथ में नहीं है। आप स्वयं इस पाप का प्रायश्चित कर सकते हैं, अपने को दंड देकर।''

आशा की एक किरण आई केशव के मुख पर, ''बतलाइए, कौन-सा दंड दे सकता हूँ मैं अपने को ?''

''आप यहाँ से त्यागपत्र दे दीजिए। आपके अपराध का दंड मिल जाएगा।''

और मैनेजर ने केशव का त्यागपत्र ले लिया।

केशव की जेब में एक हज़ार रुपया वैसा-का-वैसा रखा है। पाप का रुपया ! और इस पाप के रुपये ने ईमानदारी वाली नौकरी ले ली। दो घंटे तक वह निरुद्‌देश्य शहर का चक्कर लगाता रहा। इस एक हज़ार रुपये का वह क्या करे ? किसी अनाथालय को दान में दे दिया जाए ? फिर वह क्या करेगा ?

वह थक गया है...बेतहाशा थक गया है। एक अनन्त निद्रा में वह लय हो जाना चाहता है। उसके लिए श्रेयस्कर यही होगा कि वह यह रुपया दान में दे दे, अनाथालय के सामने से वह निकला था...उसके अन्दर से किसी ने कहा था, 'यह पाप का रुपया तुम यहाँ दे दो...इसी में तुम्हारा कल्याण है।' लेकिन जैसे एक भयानक थकान से भरी कायरता ने अनाथालय की ओर उठते हुए उसके क दमों को जकड़ लिया था। लड़खड़ाते हुए पैरों से वह अपने घर की ओर लौट पड़ा था।

बाहरवाले कमरे में वह अकेला है...भीतर किसी को पता नहीं है कि वह थका और टूटा हुआ दफ्तर से घर लौटा है...और नारकीय यन्त्रणा भोग रहा है। और इसी समय उसे बाहर से आवाज़ सुनाई पड़ती है, 'पोस्टमैन ! रजिस्ट्री !'

केशव आकर दरवाज़ा खोलता है। पोस्टमैन के हाथ में एक बीमावाली रजिस्ट्री है। यह रजिस्ट्री बम्बई से आई है। दस्तखत करके वह रजिस्ट्री लेता है। पोस्टमैन चला जाता है।

केशव रजिस्ट्री खोलता है। अन्दर किशन का एक पत्र है, एक माया का पत्र है और सौ-सौ रुपयों के पन्द्रह नोट हैं...पन्द्रह सौ रुपया। माया का कांट्रेक्ट हो गया है; किशन का रुपया मिल गया है। उन दोनों का अस्तित्व है।